EL ENEAGRAMA Y SU ESPECTRO DE ESTILOS DE PERSONALIDAD

DR. JEROME WAGNER

Con un nuevo prólogo del autor

EL ENEAGRAMA Y SU ESPECTRO DE ESTILOS DE PERSONALIDAD

Una guía introductoria

Edición 25.º aniversario

EDICIONES OBELISCO

Si este libro le ha interesado y desea que le mantengamos informado
de nuestras publicaciones, escríbanos indicándonos qué temas son de su interés
(Astrología, Autoayuda, Ciencias Ocultas, Artes Marciales, Naturismo,
Espiritualidad, Tradición…) y gustosamente le complaceremos.

Puede consultar nuestro catálogo en www.edicionesobelisco.com

Colección Psicología

EL ENEAGRAMA Y SU ESPECTRO DE ESTILOS DE PERSONALIDAD
Dr. Jerome Wagner

1.ª edición: abril de 2024

Título original: *The Eneagram Spectrum of Personality Styles*

Traducción: *Antonio Cutanda*
Maquetación: *Isabel Also*
Corrección: *Sara Moreno*
Diseño de cubierta: *Enrique Iborra*

© 2021, Jerome P. Wagner, Ph. D.
Libro publicado por acuerdo con Waterside Productions Inc.,
a través de International Editors & Yáñez Co' S.L.
(Reservados todos los derechos)
© 2024, Ediciones Obelisco, S. L.
(Reservados los derechos para la presente edición)

Edita: Ediciones Obelisco, S. L.
Collita, 23-25. Pol. Ind. Molí de la Bastida
08191 Rubí - Barcelona - España
Tel. 93 309 85 25
E-mail: info@edicionesobelisco.com

ISBN: 978-84-1172-122-6
DL B 3982-2024

Impreso en España en los talleres gráficos de Romanyà/Valls S. A.
Verdaguer, 1 - 08786 Capellades - Barcelona

Printed in Spain

Prólogo

de Helen Palmer

Supe del doctor Wagner merced a un microfilm de su tesis doctoral hace más de veinte años, un material del eneagrama abordado desde el punto de vista académico que ha generado recientemente una amplia atención internacional. Desde entonces, hemos debatido, discutido, llegado a acuerdos y cuestionado mutuamente nuestras ideas, todo lo cual me ha resultado inmensamente gratificante. Aunque no estés mirando a los ojos a Jerry, su claridad siempre aporta un ángulo interesante al debate.

Este libro de ejercicios es un fragmento de la magia del eneagrama, que resulta atractivo para quienes buscan algo más que la agenda de Freud del buen amor y el trabajo como cúspide del bienestar. Es ciertamente una buena guía, y estoy encantada de recomendarla, tanto a estudiosos noveles como de largo recorrido, que se beneficiarán enormemente del modo en que Jerry da vida a los distintos tipos de personalidad.

—HELEN PALMER
Profesora y autora de *El eneagrama*,[1] *El eneagrama en el amor y el trabajo*[2] y *The Pocket Enneagram (El eneagrama de bolsillo)*

---

1. Publicado en castellano por La Liebre de Marzo, Barcelona, 2011. *(N. del T.)*.
2. Publicado en castellano por Neo Person, Móstoles (Madrid), 2003. *(N. del T.)*.

Prólogo

de Thomas Condon

La mayoría de las introducciones al eneagrama lo reducen a una colección de tipos de personalidad, pero este libro adopta el tono adecuado, pues ofrece una versión dinámica del sistema, una versión arraigada en el sentido común y la experiencia personal.

Está escrito de forma depurada y precisa, y las descripciones que hace Wagner de los estilos de personalidad son un reflejo de su propio vocabulario y su visión. Su profundo dominio del eneagrama, adquirido con esfuerzo, se hace evidente en la calidad de la perspectiva que aquí ofrece. El autor tiene décadas de experiencia en este tema, y eso se nota.

Personalmente, me gustan sobremanera los ejercicios que contiene el libro. Sencillos pero profundos, apuntan directamente al mejor propósito del eneagrama: el desvelamiento de nuestro mapa interior de realidad. Los lectores encontrarán sorprendentes y novedosas maneras de aplicar el eneagrama, tanto en términos personales como profesionales, así como una vía directa hacia las profundidades de su persona. Por todas estas y otras muchas razones, es un placer para mí recomendar este libro.

—THOMAS CONDON
Autor de *The Everyday Enneagram (El eneagrama cotidiano)*
y de *The Enneagram Movie & Video Guide
(Guía de películas y vídeos del eneagrama)*

Introducción a la edición 25.º aniversario

Resulta difícil creer que hayan pasado ya veinticinco años desde que se publicó *El eneagrama y su espectro de estilos de personalidad*, y muchas cosas han cambiado desde entonces, como atestigua mi aspecto en la vieja foto de la contracubierta de la edición original. En la misma medida en que ha disminuido el número de cabellos que tengo en la cabeza, se ha incrementado el número de libros, artículos, páginas web, inventarios y productos relacionados con el eneagrama.

En un principio, en la bibliografía había una relación de veintiún libros, siete artículos y ocho tesis doctorales. Ahora dejaré al lector que haga la suma del número de entradas que hay en la nueva bibliografía, y eso que no está completa.

Escribí mi tesis doctoral sobre el eneagrama en 1981. Fue la primera descripción no publicada (como ocurre con la mayoría de las tesis) del sistema y los estilos del eneagrama. Por esta aportación fui nombrado Fundador Honorario de la Asociación Internacional del Eneagrama. Como dije cuando me hicieron tal honor, si te metes en algo lo bastante pronto y estás por allí dando vueltas el tiempo suficiente, al final te dan un premio. Lo cierto es que me siento honrado en todos los significados de esta palabra.

Cuando hice mi investigación de doctorado hace cuarenta años, la mía fue la tercera tesis sobre el eneagrama que se había realizado y nada se había publicado fuera del campo académico. El eneagrama se había transmitido a través de la tradición y la enseñanza oral, y esto me llevó a sugerir al tribunal de mi tesis que, en vez de citas bibliográficas, tenía que haber puesto números de teléfono en la sección de referencias, para que pudieran llamar a la gente y pudieran escuchar lo que estas personas tuvieran que decir acerca del eneagrama. Sorprendentemente, no le vieron la gracia a mi sugerencia, pero me permitieron seguir adelante con mi investigación. Les estaré siempre agradecido por su visión de futuro, que me permitió salir de la escuela de posgrado.

La primera vez que oí hablar del eneagrama fue en 1971. Ya entonces me advirtieron de que no hablara de ello hasta que estuviera completamente familiarizado con los estilos de personalidad. Sin embargo, mi silencio duró alrededor de una semana, pues me resultaba muy difícil estar callado con algo tan fascinante. Desde entonces, se ha hablado y escrito mucho acerca del eneagrama.

¿Qué puede uno hacer con todo este material nuevo sobre el eneagrama? ¿Acaso está el eneagrama escrito en piedra y debe transmitirse tal como se ha aprendido? Pues éste es el enfoque de la tradición oral, en la que el discípulo aprendía y memorizaba el material que le proporcionaba el maestro y lo transmitía inalterado.

¿O es el eneagrama, más bien, una tradición viva que crece y se diversifica, aceptando siempre nuevas aportaciones y propuestas? ¿Cómo se ve mejor el eneagrama en términos ópticos, a través de un microscopio o de un telescopio, donde la visión se mantiene más estable? ¿O es mejor verlo como un caleidoscopio, en el que aparecen constantemente nuevas configuraciones?

Y si se ofrecen nuevas interpretaciones y reestructuraciones (que quizás alguien te exija para que te publiquen un libro), ¿cómo vamos a evaluar estos añadidos? Si todas las teorías son falsas o son parciales, o aún no han sido reemplazadas, ¿cómo las va a evaluar el oyente/lector?

Bien, existen diversas fuentes de validación.

Una podría apelar a la **autoridad**. Éste es el enfoque dogmático. ¿Quién lo ha dicho?

Otra podría apelar a la **razón**. Éste es el enfoque racional. ¿Tiene esto sentido? ¿Es lógico?

Otra podría apelar a la **experiencia**. Éste es el enfoque romántico. ¿Encaja esto con mi experiencia?

Otro podría apelar a la **ciencia**. Éste es el enfoque empírico. Muéstrame los datos.

Otro podría apelar a la **utilidad**. Éste es el enfoque pragmático. Entonces, ¿qué? ¿Puedo aplicarlo?

Otro podría apelar a la **revelación**. Éste es el enfoque de la fe. ¿Qué tiene que decir Dios o alguna otra autoridad superior acerca de esto?

Otro podría apelar a la **escritura**. Éste es el enfoque hermenéutico. ¿Dónde está escrito?

Dependiendo de las propias inclinaciones filosóficas o religiosas, uno podría utilizar varias de estas fuentes de validación o, incluso, todas ellas. Yo provengo de una tradición humanística y científica, de modo que tengo la tendencia a preguntar si todo esto tiene sentido, o si es tan abstracto y enrevesado que no veo cómo se aplica en mi caso, lo cual me situaría en un enfoque pragmático. Esta teoría, ¿encaja con mi experiencia, o es una teoría completamente inventada? (Bueno, en realidad, todas las teorías lo son). ¿Y dónde están los datos? ¿Acaso te recluiste en tu dormitorio y, simplemente, esbozaste una serie de grandes ideas? ¿O bien entrevistaste a la gente, les preguntaste por su experiencia e investigaste algo para poner a prueba tus hipótesis? Aunque el eneagrama se ha investigado mucho, siguen haciendo falta más estudios empíricos revisados por pares para conseguir que sea aceptado en la corriente principal de las ciencias sociales.

Muchas de las autoridades originales del eneagrama han fallecido desde que se publicó *El espectro del eneagrama* por vez primera. Este mismo año, fallecieron Óscar Ichazo (a quien algunos llaman el padre del eneagrama) y Claudio Naranjo (a veces denominado la madre del eneagrama). Mi propio maestro, Robert Ochs, S. J., falleció también hace unos cuantos años. Por desgracia, hemos perdido a tres de los fundadores de la International Enneagram Association (IEA): Ted Donson, Don Riso y David Daniels; y también echamos de menos a otras personas que contribuyeron mucho al estudio del eneagrama, como Suzanne Zuercher, Elizabeth Wagele y otros a quienes pido disculpas por no recordarlos mientras escribo esto. Si hubieras optado por apelar a autoridades, no habrías encontrado a mejores autoridades que éstas.

Cuando descubrí el eneagrama a principios de la década de 1970, no se hablaba demasiado, y mucho menos se había escrito, acerca de los *subtipos* del eneagrama. En mis apuntes mimeografiados (sí, ya dije que fue a principios de los setenta), había en torno a tres frases por cada uno de los 27 subtipos. Y dado que el libro original de *El espectro del eneagrama* no era más que una introducción al eneagrama, quise simplificarlo al máximo y presenté sólo los nueve estilos básicos, de modo que me dejé fuera los subtipos.

Sin embargo, en los últimos años ha habido un interés creciente en ellos, en la medida en que influyen en aquello en lo que se ocupan los estilos y en cómo se manifiestan. Claudio Naranjo escribió recientemente acerca de los subtipos y ofreció algunos talleres acerca de ellos. Bea Chestnut y Ginger Lapid-Bogda también han escrito acerca de los subtipos siguiendo la nueva línea de pensamiento de Naranjo. Mario Sikora reformuló los subtipos para hacerlos más atractivos para el mundo empresarial. Don Riso, Russ Hudson, Tom Condon, Peter O'Hanrahan y David Daniels también han hablado y escrito acerca de los subtipos.

Así pues, para traer al *Espectro del eneagrama* hasta el siglo XXI, voy a hacer una revisión de las actuales corrientes relativas a los subtipos y voy a proporcionar una breve descripción de los 27 subtipos en el apéndice.

Y dado que nada en la vida es simple –tampoco el eneagrama–, tendré que hacer algunas distinciones.

Existen tres centros, tres instintos y 27 subtipos (que son una combinación de cada uno de los instintos con cada una de las nueve pasiones/vicios de cada tipo). Si todavía no te has cansado de este libro, vamos adelante.

Los tres centros

Si yo te preguntara: «¿Dónde está tu centro?», ¿qué dirías? Habría quien diría que su centro está en la cabeza, justo detrás de los ojos; otros dirían que está en el corazón o en la región del pecho; en tanto que otros dirían que su centro lo tienen en el vientre o en todo el cuerpo. Y todos tendrían razón, pues somos seres con tres cerebros y tres centros de inteligencia: un IQ mental, un EQ emocional y un SQ corporal.[1] Se nos ha dotado con tres inteligencias, pero solemos preferir una de ellas sobre las otras dos. En última instancia, o tras considerarlo a fondo, o simplemente tomando una decisión, terminamos por confiar un poco más en una de estas inteligencias. Gurdjieff hablaba del Hombre Número Uno, el Hombre Número Dos y el Hombre Número Tres (él vivió entre el siglo XIX y el XX), cada uno de los cuales prefería uno de estos tres centros. El Hombre/Mujer Número 4 integraba los tres centros.

En lo tocante a tomar una decisión, podrías preguntarte: «¿Qué dice mi cabeza acerca de esto? ¿Qué dice mi corazón acerca de esto? ¿Qué dice mi cuerpo acerca de esto?». Si los tres estuvieran de acuerdo, probablemente tomarías una buena decisión, una decisión a la que te aferrarías con fuerza. Si sólo dos de los tres estuvieran de acuerdo, quizás tomarías una decisión que, a la larga, sería buena. Si ninguno de los centros coincidiera con ninguno de los otros, quizás convendría que dejaras a un lado la toma de decisiones, dado que una casa dividida contra sí misma no puede durar. Hasta donde yo sé, Lincoln no sabía nada del eneagrama.

Los tres instintos

Como organismos que hemos evolucionado a lo largo de milenios, la Madre Naturaleza nos ha equipado con instintos que nos ayudan a sobrevivir. No tenemos instintos predeterminados e invariables, como nuestros ancestros animales. No construimos guaridas de la misma manera en cada ocasión. No tienes más que caminar calle abajo y ver lo distintas que son las casas. Ni siquiera tenemos sexo de la misma ma-

---

1. IQ son las siglas asignadas desde hace decenios al «cociente intelectual», en tanto que EQ se ha asignado más recientemente a lo que se ha llegado a denominar «cociente emocional». En cuanto a las siglas SQ, interpretadas distintamente como «cociente social», como «cociente sistematizador» e incluso como «cociente espiritual», suponemos que aquí haría referencia a un «cociente somático». *(N. del T.)*

nera cada vez. Simplemente, echa un vistazo al *Kama Sutra*. Sin embargo, sí que tenemos algunas conexiones heredadas de nuestros predecesores que nos llevan a reaccionar de determinadas maneras. También hemos desarrollado una consciencia que nos permite desautorizar nuestras propensiones naturales, a veces para bien, a veces para mal.

Los profesionales de la psicología evolutiva dicen que todos tenemos un *instinto de autopreservación* que nos ayuda individualmente a sobrevivir. Como criaturas de manada o seres sociales, nuestros antepasados descubrieron que les resultaba más fácil sobrevivir juntos que aislados, lo cual nos llevó a desarrollar un *instinto social*. También disponemos de un *instinto sexual* que permite la supervivencia de la especie. Gracias, mamá y papá.

Los instintos son necesarios. Si no interferimos con ellos, nos llevarán hasta lo que necesitamos para sobrevivir y prosperar. Y eso es bueno. Lo malo es que podemos corromper hasta los procesos más naturales. Esto sucede cuando nuestra pasión, o vicio, o esquema emocional desadaptativo se filtra en nuestros instintos y los distorsiona. Esto nos lleva a los 27 subtipos.

Los 27 subtipos

Si confías en la autoridad como prueba de validez, convendrá que sepas que las autoridades en el eneagrama no se ponen de acuerdo en lo relativo a los subtipos. Incluso discrepan en cuanto a cómo debería denominarse a cada uno de los tres instintos. Y en tanto que hay un centro intelectual superior e inferior, y un centro emocional superior e inferior, existen tres expresiones paralelas del centro corporal.

Gurdjieff dividía este centro somático en los centros *motor*, *instintivo* y *sexual*.

Ichazo hace referencia a los instintos *social*, de *autopreservación* y *sexual*.

El Enneagram Institute de Riso y Hudson se refiere a las variantes instintivas de *autopreservación*, *social* y *sexual*.

El eneagrama en la Tradición Narrativa de Palmer y Daniels etiqueta a los subtipos como *autopreservación*, *social* e *íntimo* o *individual*.

El enfoque de Conciencia en Acción de Sikora los llama *preservar, navegar y transmitir.*

Cuando me familiaricé con el eneagrama de la mano de Bob Ochs, S. J., que acababa de asistir a un seminario de Claudio Naranjo, que acababa de regresar de Chile de estudiar con Óscar Ichazo, tuve la impresión de que los tres subtipos tenían algo en común, con independencia del estilo al cual acompañaran.

Yo utilizaba el ejemplo de cuando uno va a un congreso. Los *subtipos de autopreservación* son los que se preocupan de sobrevivir al congreso. Comprueban el clima en la región, el alojamiento, la comida, la seguridad del entorno, los preparativos del viaje, etc. Los *subtipos sociales* están más interesados en las personas que van a asistir al congreso, con quién van a estar. ¿Tendremos mentalidades similares, valores e intereses parecidos, la misma filosofía? ¿Encajaré en el grupo y me sentiré parte de él? Los *subtipos sexuales/íntimos/individuales* podrán relajarse cuando conecten con otra persona en el congreso, o quizás viajen con algún acompañante o visiten a un familiar en la zona.

También di detalles sobre la energía de los subtipos como vacilante, ansiosa, más introvertida *(autopreservación);* o bien moderada, tranquila, afable, ambivalente o más extravertida *(social);* o bien intensa, enérgica, fuerte, extravertida *(sexual).* O bien, y esto es una exageración, los subtipos se pueden ver como las diferentes expresiones del agua: niebla, difíciles de agarrar *(de autopreservación);* agua, adaptables al entorno y al contenedor *(sociales);* y hielo, firmes y tangibles *(sexuales).* Me alegra no haberme adentrado en todo esto.

Tenemos la tendencia a vivir dentro de uno de los subtipos a lo largo de toda nuestra vida. Esto puede deberse a la interacción del temperamento con el entorno, al igual que ocurre con los tipos en sí. O bien, una teoría postula que determinados problemas nos preocupan debido a que esas necesidades no se vieron satisfechas durante nuestra infancia.

También es posible que, dadas nuestras actuales circunstancias, uno de los instintos puede sobresalir por encima de los demás. Por ejemplo, si pierdes el empleo, tu instinto de autopreservación podría pasar a primer plano. Si te acabas de enamorar, tu instinto sexual podría acentuarse. Si te has ido a vivir a un vecindario nuevo, o has cambiado de empresa o te has unido a un movimiento social, tu instinto social podría situarse en primer término.

Hay quien habla de escalonamiento o priorización de los instintos: ¿cuál va primero, cuál segundo, y tercero? O bien ¿cuál es primario, cuál auxiliar, cuál es ignorado?

Ichazo decía que, cuando el vicio de cada estilo se filtra en los tres instintos de ese estilo, emerge una palabra para describir cada estado. Así, Ichazo disponía de 27 palabras para describir esa combinación. Pero, después, él y otros cambiaron algunas de las palabras, de tal manera que, lingüísticamente hablando, podríamos decir que los subtipos del eneagrama tampoco están grabados en piedra.

Naranjo revisó también su manera de ver los 27 subtipos, pues no tienen necesariamente la misma dinámica para cada uno de los nueve estilos. En principio se pensaba que si tuvieras que poner todos los subtipos de autopreservación, sociales e íntimos en sus grupos respectivos, cada uno tendría algo en común, aunque hubiera diferentes eneatipos.

Lo que se piensa ahora es que, dentro de los subtipos de cada tipo, existe un *contratipo* cuya expresión no está sincronizada con el flujo del estilo principal. La energía es diferente, y este subtipo podría parecer en realidad otro tipo totalmente distinto. Pero volvamos de nuevo a las fuentes de validación: ¿qué es lo que tiene sentido para ti? ¿Qué encaja mejor con tu experiencia (validación personal)? ¿Qué dicen los demás acerca de su experiencia (validación consensuada)? ¿Existe algún dato que apoye esta posición?, etc.

En el apéndice puedes encontrar mi propia descripción de los subtipos, una descripción que intenta hacer honor a la mayor parte de las ideas más recientes. Recuerda que un subtipo es el resultado de una mezcla del vicio o pasión (ira, orgullo, engaño, envidia, avaricia, miedo, gula, lujuria, indolencia) con el instinto (autopreservación, social, sexual) del tipo.

Otros autores han escrito y se han pronunciado respecto a los subtipos: Riso-Hudson, 1999; Naranjo, en YouTube; Chestnut, 2013; Lapid-Bogda, 2018; Daniels, 2019; Sikora, en mariosikora.com; Condon, en thechangeworks.com; Huertz, 2020.

Después de tantos años, el eneagrama me sigue pareciendo un sistema psicoespiritual ciertamente exhaustivo y útil, y me alegra mucho saber que una nueva generación ha tomado las riendas, por lo que no puedo más que anticipar el momento de poder leer y escuchar sus aportaciones.

Introducción

Resulta siempre fascinante ver cómo teorías y descripciones de personalidad procedentes de diversas fuentes de la sabiduría perenne y sistemas psicológicos de personalidad contemporáneos resuenan entre sí y se confirman mutuamente. Tal es el caso de la teoría del eneagrama con sus manifestaciones en nueve estilos de personalidad.

El eneagrama es una figura de nueve puntas encuadrada en un marco circular que se utiliza desde muy antiguo para disponer nueve estilos de personalidad. (En griego, *ennea* significa «nueve» y *gramma* significa «punta»).

Esta disposición se ha comparado con una rueda de colores. Si enfocas luz blanca hacia un prisma, se desplegará el espectro de los colores básicos. Según esta metáfora, en cada persona se hallan todos los tonos del espectro, si bien un color destaca particularmente o caracteriza a cada persona. Desde un punto de vista espiritual, esta metáfora vendría a decir que la Divinidad desciende y se muestra a través de nueve manifestaciones terrestres. Desde un punto de vista filosófico, indicaría que el Ser se desvela a través de nueve características esenciales. Desde un punto de vista psicológico, podríamos verlo como que la naturaleza humana se expresa de nueve formas fundamentales.

Los paradigmas o patrones de personalidad que se disponen en este modelo circular representan, dependiendo de la metáfora que elijas, bien nueve manifestaciones de lo Divino, o bien nueve cualidades del Ser, o nueve visiones del mundo o perspectivas fenomenológicas. Desde este último punto de vista, estos esquemas o mapas fundamentales subyacentes son suposiciones organizadoras de raíz o creencias nucleares que influyen e incluso determinan nuestras percepciones, pensamientos, valores, sentimientos y conductas. Estos paradigmas se hallan en el núcleo de nuestra manera de pensar y sentir con respecto a nosotros mismos y a otras personas, y determinan el tipo de interacciones con los demás que nos permitimos plantearnos y tener. Así pues, estos estilos constituyen diferentes modos de estar en el mundo, diferentes maneras de experimentar, percibir, comprender, evaluar y responder ante nosotros mismos, los demás y la realidad.

Las escuelas tradicionales de sabiduría suelen utilizar el círculo como símbolo de la unidad, la totalidad y la plenitud, de ahí que no debería sorprender que se utilice una figura circular para describir todo el rango de las expresiones humanas. Curiosamente, la psicología moderna, a través de complejos análisis factoriales estadísticos, ha descubierto que los modelos circulares son más aptos para mostrar las características de personalidad de una manera gráfica.

Aunque no existe consenso sobre los orígenes del eneagrama (algunos especulan que sus raíces se encuentran en la antigüedad, otros remontan su linaje a la Edad Media, en tanto que otros sugieren que se trata de un descubrimiento moderno) y sigue siendo un enigma el modo en que se verificó exactamente la transmisión del símbolo del eneagrama, lo que está claro es que se han podido reconocer leyes y descripciones de la esencia humana y de la personalidad, tal como nos las muestran las lentes del eneagrama, desde hace siglos, así como en diversas razas, culturas, edades y géneros. Da la impresión de que lo que se expresa a través de este sistema sea algo universal concerniente a la naturaleza y el funcionamiento del ser humano.

En los últimos veinte años, el eneagrama se ha ido conociendo y popularizando en todo el mundo, y ha sido validado en culturas tan distintas como las de Japón, India, África, Europa y las Américas. Actualmente, se está utilizando en diversos entornos, desde centros de crecimiento personal y salas de terapia hasta aulas y salas de juntas; y se está usando con diversos propósitos que van desde el crecimiento personal, psicológico y espiritual hasta las interacciones de pareja, la creación de equipos y la gestión de la productividad.

El eneagrama se transmitió en sus orígenes mediante la tradición oral, y es muy probable que se aprenda mejor escuchando sobre él en la interacción con los demás. Lo cierto es que sólo en los últimos años se han plasmado por escrito las enseñanzas del eneagrama con el fin de darle una más amplia difusión. Por eso esta introducción, con su cuaderno de trabajo y ejercicios, no busca otra cosa que ser un puente entre la tradición oral y la escrita. Puede ser útil para facilitadores de talleres, terapeutas y consultores como herramienta educativa para introducir a sus clientes en el eneagrama, pero también puede ser útil por sí misma, como un manual breve sobre este notable sistema.

Los ejercicios y las descripciones que vienen a continuación están diseñados para que te familiarices con la teoría general de la personalidad en la que se arraiga el eneagrama y para que conozcas los nueve tonos que constituyen el espectro de los estilos de la personalidad. Tengo la esperanza de que esta combinación de reflexión experiencial y presentación teórica te ayuden a ubicar, comprender y apreciar tu propio estilo particular.

En este manual damos por hecho que no tienes ningún conocimiento previo del eneagrama, de modo te aconsejo que completes los ejercicios de la introducción, compares los descriptores de términos y frases que hay antes de cada capítulo con tu propio estilo y tomes después en consideración las descripciones de los nueve estilos del sistema.

Los descriptores de palabras/frases pretenden ser una catalogación *precisa* o parcial de los rasgos positivos y negativos de cada uno de los estilos. Si buscas un inventario fiable y validado estadísticamente a través de la investigación, con una muestra estandarizada y puntuaciones normativas, puedes cumplimentar las Wagner Enneagram Personality Style Scales (WEPSS) (Escalas Wagner de Estilos de Personalidad del Eneagrama) en www.wepss.com.

Al igual que las WEPSS, los ejercicios han ido tomando forma a lo largo de muchos años, a través de multitud de talleres y cursos. Están diseñados para que reflexiones sobre tu propia experiencia. Y a medida que vayas encajando los datos de tu experiencia, verás cómo las descripciones del eneagrama te muestran un patrón que ha estado ahí toda tu vida sin que te percataras de ello.

Los ejercicios comienzan con preguntas muy generales para la reflexión, y luego se hacen más específicas, de un modo parecido a un embudo, que es ancho en su boca y estrecho en el fondo. Encontrarás ejercicios para cada dimensión del mosaico de personalidades del eneagrama, por lo que este manual sigue el proceso de conocimiento. Comienza con tu *experiencia* para proporcionar los datos; después, deja que la *comprensión* emerja desde tu experiencia para generar una plantilla para la organización de los datos; y, finalmente, establece algún tipo de *juicio* acerca de tu experiencia y tu comprensión.

La esencia o yo nuclear, o paradigma objetivo

Algunas escuelas de la sabiduría perenne (incluida la escuela del eneagrama) y algunas teorías psicológicas contemporáneas de desarrollo y personalidad establecen una distinción básica entre nuestra *esencia* o yo real y nuestra *personalidad* o yo falso, público. En primer lugar, tomaremos en consideración a nuestro yo nuclear genuino, natural, el yo con el que nacimos. Después, echaremos un vistazo a nuestro yo público, la cubierta protectora que envuelve a nuestro verdadero yo, que nos enfundamos o se nos condicionó a usar, cuya función es proteger a nuestro yo vulnerable, mantenerlo a resguardo y facilitar las relaciones con el entorno.

En nuestra esencia, en el núcleo de cada estilo, existen determinadas fortalezas y capacidades que nos permiten sobrevivir y prosperar. Experimentamos tales capacidades y cualidades como valores o ideales que apreciamos y por los que nos sentimos atraídos de manera espontánea. Todos estos valores están virtual o potencialmente presentes en nuestro yo nuclear, y somos capaces de apreciarlos y actualizarlos en su totalidad. Sin embargo, temperamentalmente, tendemos a favorecer una jerarquía de estos valores, que son aquellos que más nos motivan, y hay uno o varios que son más potentes y determinantes que los demás. Estos valores son las tendencias motivadoras y organizadoras clave de cada estilo de personalidad. Estas *tendencias de valores nucleares* organizan y orientan nuestras energías, percepciones, reacciones emocionales y comportamientos. Se hallan en la raíz del quiénes somos y del quiénes queremos ser.

Los siguientes ejercicios están diseñados para que entres en contacto con tus propios valores nucleares. Se trata de una serie de preguntas acerca de tus atracciones, orientaciones, significados y motivaciones fundamentales, y pretenden dejar al descubierto lo que para ti es importante, lo que realmente importa. Toma nota de tus respuestas en un papel aparte o en un diario.

Ejercicio 1:
¿Cuál es el propósito de la vida?

Si un niño pequeño te preguntara cuál es el propósito de la vida, para qué estamos aquí, ¿cómo le responderías? Recuerda que se trata de un niño pequeño (digamos que de unos seis años), de modo que tu respuesta tiene que ser simple y breve.

Una variación de este tema sería sustituir al niño por un marciano. El marciano te pregunta, como terrestre que eres, por qué estás aquí, en este planeta. ¿Cuál es el propósito de los terrestres? ¿Qué le dirías al marciano?

Tómate tiempo para reflexionar sobre esto y tomar nota de tu respuesta.

Ejercicio 2:
Si sólo te quedara un año de vida, ¿qué harías?

Si te dijeran que sólo te queda un año de vida, ¿qué harías en ese año? Tu salud sería excelente durante todo el tiempo hasta el final, pero después, en el plazo de unas pocas semanas, te deteriorarías rápidamente y morirías. ¿En qué emplearías ese año?

Otra cosa que podrías preguntarte es por qué no lo estás haciendo ahora. ¿Por qué no ahora?

Ejercicio 3:
Escribe una declaración sobre tu misión personal

¿Cuál te gustaría que fuera tu misión en la vida o cuál crees que es? Se entiende que esta declaración debería ser la encarnación de tu misión y tus valores, y será una expresión de lo que tú crees que es el sentido de la vida.

Dicho de otro modo: ¿cuál es tu vocación? ¿Qué crees que estás llamado a *ser* o a *hacer*? ¿Cuál crees que es el propósito de tu vida?

Escribe una declaración sobre tu misión personal. En ella verás expresados tus valores e ideales más profundos (p. ej.: El tipo de persona que me gustaría ser es .... El tipo de actividades que me gustaría realizar son .... Mi misión personal es ....).

Ejercicio 4:
¿Qué es lo que quieres de verdad?

¿Qué es lo que tu yo más auténtico quiere *de verdad*? Escribe lo que te venga a la cabeza.

Con este material de tu propia experiencia y entendimiento, mira ahora la figura 1 (a continuación).

La figura 1 resume gran parte del material que se abordará cuando hablemos de los nueve estilos del eneagrama. En el círculo interior (I) de la figura 1, se representan nueve características o valores nucleares positivos. Esos valores forman parte de tu esencia. El yo saludable dispone del potencial para valorar, desarrollar y utilizar cada una de estas características. Cuando una de estas cualidades está presente, todas están virtualmente presentes, pues cada una de ellas contiene a las demás. Por ejemplo, si cultivas la valorada característica de la bondad, también serás una persona cariñosa, sabia, leal y todo lo demás. Pictóricamente, esto está indicado por las líneas punteadas que muestran que estos valores nucleares son permeables y se entremezclan.

Bajo el encabezamiento *Tendencias de valores nucleares positivos,* en la columna de la izquierda de cada uno de los nueve estilos, encontrarás la descripción de cada uno de estos valores. Si comparas tus respuestas en los ejercicios 1, 2, 3 y 4 con las descripciones de esa columna, encontrarás alguna resonancia con tus propias preferencias en valores. Los adjetivos y las frases en la sección de arriba de cada lista de comprobación titulada *Descripciones positivas de tu estilo* apuntan también a las características del yo auténtico.

Perfil de estilo de personalidad según el Eneagrama

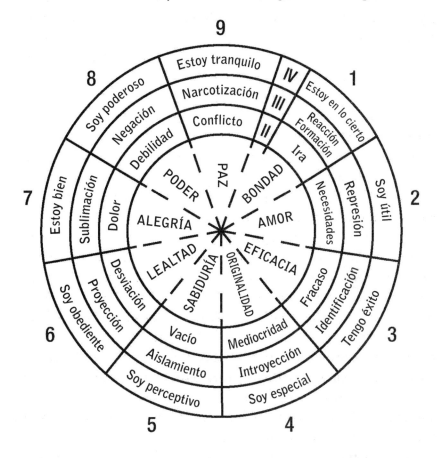

I. Ideal genuino o valores auténticos

II. Área de evitación

III. Mecanismo de defensa

IV. Imagen idealizada de sí mismo o valores compensadores

Figura 1

Para funcionar de forma eficaz en el mundo, necesitamos y tenemos a nuestra disposición todas estas cualidades. De modo que, en una situación en la que necesitemos mostrar asertividad, podremos recurrir a nuestro poder; cuando necesitemos cuidados, podremos recurrir a nuestro amor; cuando necesitemos diversión, podremos recurrir a nuestra alegría, etc. La persona flexible tiene la totalidad del espectro de actitudes y comportamientos adaptativos disponibles. Aun así, tenderemos de manera natural a basarnos y a utilizar una o unas pocas formas preferidas de funcionar. Sea por temperamento o por destino, nos sentimos especialmente atraídos hacia uno de estos vectores de valores dirigidos por él, vector que cultivamos y que se convierte en un factor de organización y expresión del yo. Los otros vectores se utilizan como auxiliares para complementar nuestra preferencia central.

Necesitamos las nueve perspectivas paradigmáticas para ver la realidad objetivamente. Una persona sana tiene acceso a estos paradigmas basados en la realidad e informados por ésta, que proporcionan maleabilidad y flexibilidad a nuestro estilo. Para ser eficaces, tenemos que ver cualquier problema o situación desde múltiples perspectivas. Con todo, tendremos la tendencia a ver el mundo desde nuestra perspectiva preferida. Éste será el punto de vista particular, la aportación y nuestro enfoque para la resolución de problemas que podremos ofrecer en cualquier grupo. Debido a nuestra experiencia en ese paradigma, normalmente percibiremos y comprenderemos determinadas cosas con más claridad que los demás, seremos más competentes en unas áreas que en otras y podremos resolver determinados problemas con más facilidad que los demás. Cuando nos conducimos desde nuestro yo saludable, aportaremos nuestros puntos fuertes, nuestros dones y perspectivas a la sociedad.

La personalidad o yo público, o paradigma subjetivo

Con las adecuadas condiciones internas y externas, y con una crianza de suficiente calidad, el yo real puede emerger y florecer. Cuando los anhelos, las sensaciones, los sentimientos, las imágenes y las ideas espontáneas se encuentran con una actitud empática y de sincero interés, con la aceptación y el estímulo, nos desarrollamos en sintonía con la envoltura de nuestra naturaleza esencial. Es decir, nos convertimos en quienes realmente somos.

Sin embargo, nuestro yo nuclear se encuentra al emerger con indiferencia, críticas o malentendidos, entonces desarrollaremos una personalidad o yo público con el cual encubrir nuestro yo real y protegerlo.

Este yo periférico es un intento de defender y preservar al yo interior frente a quienes nos critican, con el fin de apaciguarlos, ganarnos su atención y su aprobación, para ponerlos de nuestro lado o quizás, incluso, para derrotarlos. Estas estrategias no buscan otra cosa que hacernos atractivos, buenos, aceptables, y que nos sintamos seguros. En vez de *expresar* nuestros verdaderos valores, preferencias, sentimientos y pensamientos, intentamos *impresionar* a los demás. Nos lanzamos a manipularnos a nosotros mismos y a los demás. Nos convertimos en los que creemos que *tenemos* que ser.

Pero al pasar por el filtro de lo que creemos que *deberíamos* ser, nuestros dones básicos se distorsionan y se convierten en una caricatura de lo que eran. Para ser aceptable o ser alguien, *tenemos* que ser buenos, generosos, eficientes, especiales y todo lo demás. Nuestros ideales o valores básicos se cristalizan en *imágenes idealizadas de uno mismo*, expresiones parciales de nuestro yo más pleno, que identificamos erróneamente con nuestro yo total y creemos que lo representan. Creemos equivocadamente que si alcanzamos estas idealizaciones y las manifestamos, nos proporcionarán refuerzos positivos o, al menos, nos permitirán eludir los refuerzos negativos. A partir de ahí, utilizaremos nuestros dones y nuestras fortalezas para protegernos de los demás, en lugar de para construir comunidad.

Nuestros paradigmas o perspectivas sobre el mundo tenderán a ser estáticos, rígidos e inflexibles. Nuestra perspectiva se hará más limitada y estrecha, y desarrollaremos una deprimente visión de túnel. Nuestros paradigmas se distorsionarán y subjetivarán, en lugar de estar determinados por la realidad. Intentaremos resolver los problemas del mismo modo estereotipado, con las mismas interpretaciones y reacciones automáticas.

En resumen, cuando perdemos el contacto con nuestro yo nuclear, nos vemos forzados a poner algo en su lugar, de modo que asumimos una personalidad y vamos en pos de valores sustitutivos o compensadores en el intento de rellenar el hueco de lo que sentimos que hemos perdido.

Los ejercicios 5 al 15 quizás te ayuden a descubrir tu personalidad o paradigma subjetivo. Estos ejercicios exploran los tres anillos que quedan por ver en la figura 1: la imagen idealizada de ti mismo, aquella área que tiendes a evitar y las técnicas defensivas que empleas para eludir todo aquello que no encaje con la imagen que tienes de ti mismo.

Ejercicio 5:
¿Cómo has sobrevivido?

En este mundo donde impera la ley de la jungla, ¿qué consejo le darías a un niño pequeño acerca de cómo sobrevivir? ¿Cómo lo lograste tú en este mundo cruel? ¿Qué clase de tácticas y estrategias de supervivencia has descubierto y diseñado para mantenerte a salvo? Por ejemplo, puede haber personas que digan: «Acaba con ellos antes de que ellos acaben contigo». Otras quizás digan: «Sé amable con la gente». En tanto que otras podrían aconsejarte: «Vete de la ciudad y escóndete».

También aquí puedes imaginarte a una venusina en lugar de un niño. Aquí la venusina te pregunta cómo sobreviven los terrestres en este inhóspito planeta. ¿Cómo te las has ingeniado para vivir tanto tiempo?

Haz una lista de tus técnicas al respecto.

Ejercicio 6:
¿En qué lugar equivocado buscaste lo que querías?

¿Con qué sustituiste lo que realmente querías, aquello que plasmaste por escrito en el ejercicio 4? Como dice la canción, ¿buscas siempre el amor donde no deberías (como la comida, la bebida o el sexo)? ¿O buscas la verdad a través del estatus? Y así con todo.

Toma nota de aquello con lo que te has conformado o que has estado buscando equivocadamente.

La imagen idealizada de uno mismo o los valores compensatorios están representados en el círculo exterior (IV) en la figura 1. Estas idealizaciones suelen ser caricaturas o exageraciones de los valores y características esenciales que se encuentran en el yo real. Estos estilos de personalidad se hallan en la periferia de nuestro yo, donde desempeñan el papel de una cubierta protectora para el yo, actuando como mediadores o traductores entre éste y el mundo. Estos estilos pueden variar en su flexibilidad o en lo sofocantes que pueden llegar a ser, y también varían en lo bien o mal que traducen o transmiten al mundo el quiénes somos realmente, y en lo mucho o poco que distorsionan la imagen que nos muestran del mundo. Estas estrategias están separadas por líneas sólidas, lo cual indica la rigidez e impermeabilidad de las características de nuestra personalidad. Cuanto más nos alejamos de nuestro yo nuclear, más automáticos y estereotipados serán nuestros pensamientos, sentimientos y conductas. Cuanto más nos asentemos en estos senderos, menos podremos acceder a las perspectivas, los enfoques y las fortalezas del resto de los estilos.

En la columna titulada *Características nucleares distorsionadas* encontrarás una mejor descripción de estas estrategias defensivas o de supervivencia en cada uno de los nueve estilos. Allí verás cómo nuestros esfuerzos más sanos se pueden llegar a distorsionar cuando nos identificamos erróneamente con nuestros dones básicos o hacemos un uso excesivo de ellos. Compara las técnicas de supervivencia que catalogaste en los ejercicios 5 y 6 con las relacionadas aquí e intenta discernir dónde te reconocerías a ti mismo.

El área de evitación

Hay partes de nosotros mismos que se nos antojan inaceptables, embarazosas o intolerables porque no encajan con la imagen idealizada que tenemos de nosotros mismos, porque las repudiamos y las relegamos al inconsciente o porque las proyectamos sobre los demás. El resultado de todo esto es que uno pierde el contacto con incluso más aspectos de sí mismo. Su repertorio de respuestas se hace más limitado y, en última instancia, menos eficaz. Los atributos opuestos, las polaridades o las antítesis de la imagen que uno tiene de sí mismo se encuentran, por tanto, en el área de evitación.

Cada paradigma de personalidad es como una lente o un foco reflector con un enfoque y una luminosidad específicos. Aquellos aspectos de la realidad que se hallan fuera del territorio escaneado por nuestro paradigma se ven normalmente de forma vaga y oscura, o no se ven en absoluto. Del mismo modo que nuestro paradigma nos permite ver algunas cosas con más claridad de la que la verían los demás, nosotros podemos perder de vista o pasar por alto realidades y posibilidades debido a que no las buscamos, a que estamos mirando en otra dirección o a que no queremos verlas.

Ejercicio 7:

Yo y no-yo

Divide una hoja de papel por la mitad trazando una raya vertical, de tal modo que puedas escribir en dos columnas. En la primera, anota todas las características que asocias contigo mismo; es decir, aquellas cualidades que tú identificas dentro de los límites de tu yo, que encuentras aceptables y percibes como propias de ti.

En la otra columna, escribe las características opuestas a las cualidades que relacionaste en la primera columna. Éstas son las polaridades que encuentras inaceptables y con las que no quieres identificarte, de modo que las dejas fuera de los límites de tu yo. Quizás incluso reprimas esas características, de tal manera que aparezcan en tus sueños como figuras sombrías. O quizás las proyectes sobre otras personas, de tal modo que las veas como rasgos de los demás que no te gustan, o bien rasgos que admiras en los demás, pues puedes proyectar fuera de ti tanto tus fortalezas como tus debilidades.

Por ejemplo, si en la columna 1 (Yo) escribieras «Soy amable», en la columna 2 (No-yo) quizás anotaras: «Soy cruel», o cualquier otra cosa que se te ocurriera que podría ser lo opuesto a amable.

Si en la primera columna (Yo), anotaras: «Soy temeroso» o «Busco seguridad», quizás escribieras en la segunda columna (No-yo): «Soy valiente» o «Soy aventurero», o cualquier otro polo opuesto a temeroso o a búsqueda de seguridad que se te pueda ocurrir.

Ejercicio 8:

Reapropiarse del no-yo

Vuelve a la lista de características de la columna 2 e identifícate con ellas, aprópiate nuevamente de ellas. Por ejemplo, ¿en qué cosas eres cruel?, ¿o en cuáles eres valiente? Resístete a la reacción inicial de «No lo soy» e indaga en áreas de tu vida en las que has podido manifestar o manifiestas actualmente estas cualidades, pues representan energías y fuerzas que podrías explotar. Si puedes acceder a ellas, ampliarán considerablemente tu paradigma y te proporcionarán nuevos recursos para gestionar las situaciones que puedan surgir.

Ejercicio 9:
Replantear el no-yo

Si todavía te cuesta identificarte con algunas características de la columna del no-yo, toma cada cualidad y piensa en las cosas positivas que pueda tener esa característica. Por ejemplo, ¿qué tiene de bueno ser cruel?, ¿o qué buenas cualidades puede haber en ser cruel? Quizás existan algunas buenas cualidades, pero que estén distorsionadas. Por ejemplo, en la crueldad puede haber una fuerza considerable en la ira y la agresividad que contiene. Si esta fuerza y energía se pueden explotar de una forma limpia, podrías utilizarlas de forma productiva.

Ejercicio 10:
¿De qué tienes miedo?

¿Qué miedos se interponen en tu camino para alcanzar tu yo real? ¿Qué miedos tienes que te impiden hacer lo que realmente quieres hacer?

¿Cuál es el demonio o el dragón que te impide el paso por el sendero que lleva a tu yo interior? Cuando te serenas e intentas entrar en contacto contigo mismo, ¿qué emerge que pueda distraerte o pueda bloquear tu visión?

Haz una lista de todas las cosas de las que tienes miedo.

Ejercicio 11:
¿De qué modo tus miedos te tienen atrapado en tu personalidad falsa o ego?

Con frecuencia nos quedamos atascados en nuestros patrones habituales de pensamiento, sentimiento y comportamiento debido a los miedos irracionales e inútiles que se interponen en nuestro camino cuando intentamos hacer algo nuevo y diferente.

Por ejemplo, ¿acaso tienes que ser siempre agradable y sientes que debes acomodarte a los demás por temor a expresar tu ira o tu opinión, porque temes caer mal a la gente?

O bien, ¿tienes que estar trabajando siempre en algún proyecto por miedo a que si bajas el ritmo o no tienes nada que hacer, emerjan en ti sentimientos o deseos incómodos? ¿O temes encontrarte con el vacío cuando, por fin, llegues a casa en tu interior?

Toma en consideración cada uno de los miedos que relacionaste en el ejercicio 10, fíjate de qué modo te impiden salir de esos bucles de reacciones recurrentes que sueles manifestar y determina si esos miedos siguen siendo realistas o ya no tienen sentido.

Ejercicio 12:
¿Dónde están los límites de tu paradigma?
¿Puede ser que tu propio paradigma genere ciertas percepciones, interpretaciones, reglas, límites, fronteras o tabúes que fortalezcan tus miedos?

Por ejemplo, si tu paradigma implica cierto perfeccionismo, tus reglas dirán que has de estar acertado siempre y temerás estar equivocado o no hacer algo lo suficientemente perfecto. Otra persona con un paradigma diferente no se preocuparía tanto por estar en lo cierto o por la exactitud de sus aseveraciones. O bien, si tu paradigma dice que tienes que parecer tranquilo, frío y comedido con el fin de sobrevivir, «no podrás» expresar tus sentimientos, les tendrás miedo y no querrás tener nada que ver con ellos. Por otra parte, puede haber otras personas que expresen sus sentimientos libremente, pero no que se permitan pensar con claridad.

Los paradigmas implican la existencia de fuertes creencias, y cuando alguien llega al límite de su creencia, puede dar mucho miedo seguir adelante, porque si crees que el mundo es plano, cuando llegues a tu horizonte no vas a querer seguir caminando.

Así, si crees que tienes que ser fuerte, quizás temas ser débil y evites cualquier posibilidad de mostrarte débil.

Anota por escrito cómo crees que tu paradigma puede estar influyendo en tus miedos y evitaciones, y cómo las reglas de tu paradigma quizás te estén prohibiendo hacer lo que legítimamente podrías desear hacer en un momento dado.

Ejercicio 13:
Si rompes determinada regla o tabú, o si cruzas determinado límite, ¿qué temes que ocurra?
Los tabúes o ídolos tienen poder porque tú les das poder al temerlos.

¿Qué te dices a ti mismo o qué te has dicho que le ocurre a la gente que posee esta temible cualidad o que manifiesta estas terribles características? ¿Qué crees que te ocurriría a ti si te atrevieras a ir tan lejos?

¿Qué le ocurre a la gente que se enfurece? ¿Se la rechaza, se la abandona, se la encierra?

¿Qué les ocurre a las personas perezosas? ¿Que las tachan de vagas? ¿Que terminan como tu tío Harry o tu hermana mayor?

¿Se trata de consecuencias específicas («Te van a ingresar en un manicomio») o indeterminadas («Será mejor que no hagas eso»)?

Toma nota de aquello que temes que ocurra si entras en tu área de evitación.

Ejercicio 14:
¿Qué necesitas hacer para dejar de adorar ese ídolo? ¿Qué necesitas hacer para desterrar ese miedo? ¿Qué recursos necesitas acumular para enfrentarte a tus miedos?
Quizás simplemente necesites darte la vuelta y enfrentarte a tu miedo. Puede ser que no todos los perros (u hombres o mujeres) muerdan. Exponte a aquello que temes, pues quizás te sorprendas al descubrir que sobrevives.

Quizás necesites hacer acopio de información o acceder a alguna información concreta de la que careces. Puede que el sexo no sea la causa de tu caída de cabello ni que provoque una mancha permanente en tu alma. Puede ser que la información que se te dio en un principio y que te llevó a desarrollar ese temor no fuera correcta.

Puede que, antes de decir adiós, necesites tranquilizarte sabiendo que seguirás teniendo conexiones en el futuro. O bien, antes de estrechar un contacto, quizás necesites sentir la fuerza interior para ser capaz de romper ese vínculo y distanciarte si lo necesitas.

Puede que necesites tener a mano algunos aliados internos antes de enfrentarte a tus temores, o quizás te apetezca contar con algunas amistades o guías a tu alrededor cuando empujes la barrera de tu miedo. No necesariamente tienes que hacerlo todo en soledad.

Toma nota de las estrategias y recursos de los que ya dispones y de aquellos otros que puedas necesitar o tengas que adquirir.

Este país de las sombras, el área de evitación, está representado por el círculo II en la figura 1. Observa que se encuentra entre el yo nuclear y la personalidad. El camino más directo hacia el yo es a través de este territorio, que siempre evitamos. Para encontrarnos a nosotros mismos, tendremos que mirar a la cara a estos rasgos desterrados de nuestro yo, tendremos que identificarnos con ellos, reclamarlos y repatriarlos. El camino hacia la totalidad pasa por honrar e integrar todas tus polaridades, no por desprenderte de la mitad de ellas. Sostener los dos extremos de nuestras polaridades genera energía, mientras que si soltamos uno de los extremos, la energía se desvanece.

Bajo cada uno de los nueve estilos del eneagrama encontrarás también una sección en la que se describe el *Área de evitación*. Compáralas con tus propias evitaciones, las que has descubierto en los ejercicios 7 a 14, e intenta *ver* dónde te reconoces.

Los mecanismos de defensa

Cuando nos acercamos a nuestra área de evitación, los nervios nos invaden, de ahí que nos inventemos formas de mantener fuera de nuestra conciencia estos aspectos inaceptables nuestros. Los mecanismos de defensa actúan a modo de amortiguadores entre la *persona*, o yo idealizado, y la sombra, o yo evitado. Todo lo que consideras que es *Yo* puede entrar en tu paradigma o límite de la personalidad y tiene acceso a tu conciencia. Y lo que piensas que es *No-yo* se sitúa fuera de los límites de tu paradigma y queda desterrado de la conciencia. Y son las defensas las que impiden que estos aspectos rechazados entren en los territorios de la personalidad. Pero, por desgracia, también te impiden contactar con esas partes de tu yo nuclear y te impiden reapropiártelas.

Ejercicio 15:
¿Cuáles son tus mecanismos de defensa?
Ésta es una pregunta difícil, porque si tus mecanismos de defensa funcionan adecuadamente, no vas a ser consciente de ellos, de modo que tendrás que ser paciente y observarte con mucha atención.

Cuando empiezas a sentir ansiedad, ¿qué ocurre después?, ¿qué haces?

Cuando empiezas a tomar conciencia vagamente de que hay algo que te hace sentir incomodidad (como una sensación de ira, de miedo, una sensación sexual, etc.), o si otra persona saca a colación algún asunto que te provoca incomodidad, ¿qué haces para evitarlo? Por ejemplo, ¿te distraes o cambias de tema? ¿Te quedas en blanco y pierdes el curso de tu pensamiento, dejas de sentir, te aíslas, tensas los músculos o contienes la respiración?

¿Te quedas ensimismado o te embriagas? ¿O pierdes la cabeza y te pones sentimental? ¿O bien simplemente actúas de forma impulsiva, sin pensar ni sentir demasiado?

¿Culpas a los demás y empiezas a buscarles defectos?

¿Haces todo lo contrario de lo que realmente quieres hacer? Si quieres hacer algo para ti, ¿haces en cambio lo que *deberías hacer*? O, si te gustaría abofetear a alguien, ¿te comportas de forma amable con él?

¿Reprimes o niegas ante los demás lo que parece ser bastante obvio?

Probablemente tengas muchos mecanismos de defensa a tu disposición, pues todos los necesitamos para sobrevivir psicológicamente, de modo que toma nota de aquellos que más utilices.

Los mecanismos de defensa se encuentran en el círculo III de la figura 1, entre la imagen idealizada de sí mismo (círculo IV) y el área de evitación (círculo II). Gráficamente, los mecanismos de defensa separan aquello que identificamos como propio de lo que evitamos como algo antitético a nuestro yo. Psíquicamente, cumplen con la misma función de amortiguación.

Bajo cada uno de los nueve estilos del eneagrama encontrarás también su característico *Mecanismo de defensa*. Fíjate en si alguna de esas defensas que has descubierto en el ejercicio 15 encaja con alguno de éstos.

Principios objetivos y paradigmas / Esquemas cognitivos adaptativos

Del mismo modo que el cuerpo físico opera según determinadas leyes y principios, la psique tiene asimismo ciertas leyes dentro de las cuales funciona de forma óptima. Y del mismo modo que el cuerpo tiene ciertas tolerancias o límites dentro de los cuales debemos mantenernos so pena de dañar el organismo (p. ej., la temperatura corporal debe mantenerse entre unos límites o, de lo contrario, podemos morir), así ocurre también con la psique, que tiene determinados límites que deben ser respetados so pena de dañarla (p. ej., sólo podemos tolerar determinada cantidad de injusticias, de desamor, de fealdad, etc., para no enfermar espiritualmente o desmoronarnos).

Si vivimos de acuerdo con nuestro yo nuclear y auténtico, dispondremos de una comprensión intuitiva, aunque quizás inconsciente, de estos principios objetivos o leyes naturales. Nuestros paradigmas o mapas interiores son reflejos precisos de la realidad y son guías fiables para la toma de decisiones y modelos de comportamiento porque están en sintonía con las leyes del universo y con las de nuestra propia naturaleza humana. Operamos de forma más eficaz cuando vivimos en armonía con estos principios fundamentales, pues están diseñados para llevarnos a la autorrealización, a la trascendencia y a la comunión con los demás y con el mundo.

Estos principios objetivos y paradigmas se encuentran en el círculo interior de la figura 2 (*véase* más abajo), pues residen en nuestra esencia o yo real. Estas actitudes están delineadas por líneas punteadas, indicando su mutua presencia e influencia. Es decir, cada uno de estos principios implica y contiene virtualmente a todos los demás. Por ejemplo, cuando la libertad está presente, también hay esperanza, justicia, amor, etc.

Los esquemas representan patrones de pensamiento, sentimiento y conducta. Los esquemas cognitivos adaptativos registran, codifican y organizan fielmente datos externos e internos, para que nuestros mapas cognitivos sean un reflejo preciso del territorio. Se formulan a partir de las repeticiones que se dan en el mundo real, y son adaptativos en tanto en cuanto nos permiten negociar de forma realista nuestro discurrir por el mundo.

Bajo el encabezamiento *Esquemas cognitivos adaptativos,* encontrarás estos paradigmas objetivos o esquemas adaptativos para cada uno de los nueve estilos del Eneagrama. Cada estilo tiene un principio particular que es especialmente útil para recordar y operar, de tal manera que la persona permanezca sintonizada con la realidad y con su propia naturaleza verdadera.

Esquemas cognitivos adaptativos y desadaptativos de cada estilo de personalidad

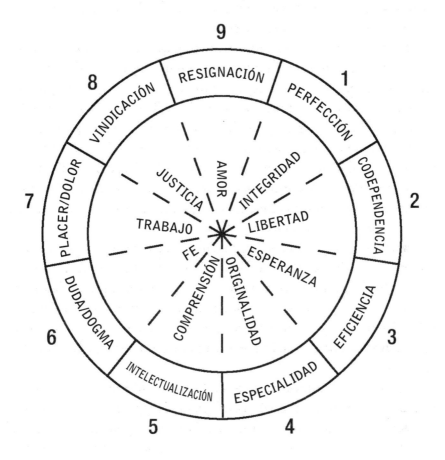

Núcleo (círculo interior) =
Esquema adaptativo/Paradigma objetivo
Periferia (círculo exterior) =
Esquema desadaptativo/Paradigma distorsionador

Figura 2

Ejercicio 16:

Cuando te hallas en un estado de capacidad plena, ¿qué creencias se dan en ti que te hacen sintonizar con la realidad?

Cuando sustentas y expresas determinadas creencias, actitudes y suposiciones, te descubres físicamente relajado, ágil, fuerte y lleno de energía, y experimentas emociones genuinas, como la alegría, la tristeza, la ira, el miedo, etc. Sientes tu mente despejada, abierta y en expansión.

Pero, dado que podría resultar difícil descubrir estos paradigmas o principios objetivos subyacentes, convendrá que trabajemos en dirección inversa. Recuerda algún momento en el que te sentiste como en casa, cómodo dentro de tu cuerpo, cuando sentías de forma espontánea y expresabas tus sentimientos, cuando te sentías atento, alerta, con la mente clara y enfocada, en conexión genuina contigo mismo y con los demás; en resumen, cuando estabas plenamente presente en el aquí y ahora.

En ese estado de capacidad plena, ¿qué creencias adaptativas tenías de ti mismo, de los demás, del mundo y de tu lugar en él?

Toma nota de tus percepciones, creencias y principios subyacentes.

Paradigmas subjetivos o distorsionadores / Esquemas cognitivos desadaptativos

Cuando perdemos el contacto con nuestro yo nuclear y perdemos la fe en nuestra realidad interior y exterior, forjamos nuestra propia visión y versión de la realidad. Nuestros paradigmas más estrechos e inflexibles, o suposiciones defectuosas, y nuestros sistemas de creencias son mapas imprecisos que limitan y distorsionan nuestra percepción de la realidad. Son guías de las que no te puedes fiar, dado que llevan a estrategias contraproducentes (aunque en un principio se suponía que tenían que protegernos y fortalecernos). Si seguimos estas percepciones, sentimientos y comportamientos trastornados, nos distanciamos de nuestro yo nuclear y nos alejamos del genuino vínculo con los demás.

Los esquemas desadaptativos imponen patrones arcaicos sobre la realidad, recrean y posteriormente perciben viejos patrones y recurrencias donde puede que no haya ninguna. Son desadaptativos en la medida en que estos mapas no encajan con el territorio contemporáneo, sino que, además, distorsionan la información que entra para que encaje con esos viejos patrones.

Estos paradigmas o percepciones ilusorias, y sus correspondientes estrategias limitadas, se encuentran en el círculo exterior de la Figura 2, dado que residen en la periferia o *personalidad*. Estas posturas están separadas por líneas sólidas, lo cual es un indicador de su estrecho enfoque y su visión de túnel. Estas posiciones suelen excluir otros puntos de vista.

Bajo el encabezamiento de *Esquemas cognitivos desadaptativos,* encontrarás estos paradigmas para cada uno de los nueve estilos. Cada estilo tiene una trampa en particular o esquema desadaptativo, que mantiene a la persona atascada en un bucle de reacciones recurrentes.

Ejercicio 17:
Cuando no te hallas en un estado de plena capacidad, ¿qué percepciones distorsionadas y qué interpretaciones imprecisas te encuentras?

Si sustentas creencias y suposiciones que no están en sintonía con tu naturaleza verdadera o con la realidad, percibirás tu cuerpo tenso, rígido, enervado o hiperactivo, y tendrás sentimientos descarriados, como culpa, depresión, hostilidad, envidia, codicia; tu mente estará distraída, cerrada, abotargada y confusa.

Recuerda alguna ocasión en que te sentiste desconectado de ti mismo y de los demás, en que te sentías ansioso y tenso, malhumorado o insensible, en que no te podías concentrar mentalmente o no podías dejar de lado idea obsesiva; en resumen, cuando te encontrabas en el «allí y después», en vez de en el presente.

En esos momentos en que no te hallabas en un estado de capacidad plena, ¿qué creencias desadaptativas albergabas de ti mismo, de los demás, del mundo y de tu lugar en él?

Toma nota de las percepciones, suposiciones y convicciones que sustentabas en esos momentos.

Virtudes / Esquemas emocionales adaptativos

Las virtudes son buenos hábitos *(virtus* significa fuerza en latín). Son las fortalezas que acompañan a un ser humano en pleno funcionamiento y desarrollo. Son expresiones claras, no distorsionadas y objetivas de la energía espiritual. Cuando se vive de acuerdo con la naturaleza real o yo esencial y con los propios paradigmas, y las suposiciones y las percepciones son precisas y objetivas, la virtud correspondiente fluirá de forma natural desde su posición. Por ejemplo, la virtud del coraje fluye naturalmente a partir de una sensación de fe y de confianza en nuestra propia naturaleza interior y en la de los demás.

Las virtudes son esquemas emocionales adaptativos que emanan de nuestra naturaleza esencial, y representan disposiciones que manifiestan nuestro mejor yo. Son las actitudes más ajustadas para que conectemos y sintonicemos con la realidad y para cargar de energía, mantener y trascender nuestro yo real.

El círculo interior de la Figura 3 muestra las virtudes de cada tipo, que son dones de nuestra esencia. Están separadas por una línea punteada, indicando que, cuando una de estas virtudes está presente, todas las demás están contenidas en ella.

Esquemas emocionales adaptativos y desadaptativos de cada estilo de personalidad

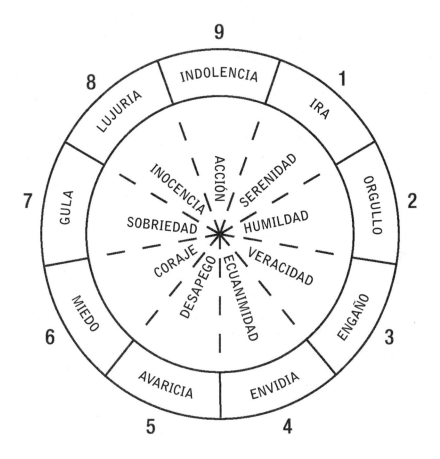

Núcleo (círculo interior) =
Esquema adaptativo/Virtud
Periferia (círculo exterior) =
Esquema desadaptativo/Pasión

Figura 3

Encontrarás también la característica *Virtud o Esquema emocional adaptativo* detallada en la columna de la izquierda de cada uno de los nueve estilos del eneagrama. Del mismo modo que cada estilo tiene un principio objetivo o esquema cognitivo adaptativo particular para recordarte tu verdadera naturaleza y sintonizarte con ella, cada estilo tiene también una virtud o fuerza directriz diferenciada para mantenerte en tu verdadero sendero.

Ejercicio 18:
¿Qué virtudes, fortalezas o buenos hábitos se necesitan para llevar una vida adulta equilibrada?
Desde tu punto de vista, ¿qué habilidades y disposiciones necesita una persona para llevar una vida adulta armónica?

Por ejemplo, ¿qué habilidades sociales o interpersonales debería cultivar y poseer? ¿Qué competencias intelectuales, emocionales, físicas, morales y espirituales necesita una persona para comportarse con la eficacia y el dominio de un adulto? Haz una lista.

Y, ahora, echa un vistazo a las nueve virtudes presentadas para los estilos del eneagrama. ¿Te sorprende alguna de ellas? ¿Dejarías alguna fuera de la lista? Quizás añadirías otra.

Tomando en consideración todas las virtudes y habilidades mencionadas, ¿cuáles de ellas posees y dominas ya?

¿Qué hábitos y habilidades echas de menos o en cuáles te consideras deficiente?

¿Qué te puede estar impidiendo el desarrollo y la posesión de esas virtudes? Por ejemplo, ¿hay alguna prohibición o inhibición en ti que te impida ser fuerte, o cariñoso, o mostrar sentimientos o tu sentido del humor, o tu inteligencia?

Convendrá que eches un vistazo a la siguiente sección, pues podría haber algún mal hábito o pasión impidiendo la consecución de alguna virtud.

Pasiones / Esquemas emocionales desadaptativos

Las pasiones son hábitos malos, expresiones distorsionadas de la energía espiritual que intentan reemplazar las virtudes. Las pasiones alimentan e inflan la personalidad, pero no nutren el yo nuclear, de modo que uno nunca se siente realmente satisfecho después de practicarlas o de ceder ante ellas. De este modo, se genera un ciclo contraproducente entre el paradigma distorsionador y la imagen idealizada de uno mismo y la pasión dominante. La imagen idealizada de uno mismo da lugar inevitablemente a la pasión, que a su vez nos insta a ir en pos de pensamientos y comportamientos automáticos de la personalidad. Así, cada uno de los nueve paradigmas subjetivos genera su pasión característica. Por ejemplo, la búsqueda de la perfección, en la que lo comparamos todo con ideales inalcanzables para luego intentar alcanzar esos ideales, lleva al resentimiento, porque nada parece tan perfecto o tan justo como debería ser. Esta ira y este resentimiento nos llevan después a esforzarnos aún más por alcanzar la perfección. Y del mismo modo que, normalmente, sólo tenemos una imagen idealizada de uno mismo, también tenemos normalmente una pasión dominante básica o vicio.

Las pasiones son esquemas emocionales desadaptativos, dado que surgen del falso yo o personalidad, representan a nuestro yo incompetente y no permiten establecer el contacto entre nuestro yo real y el mundo.

Las pasiones y las virtudes se oponen mutuamente. Si, en presencia de tu pasión, la observas simplemente y no actúas según sus impulsos, entonces experimentas la correspondiente virtud. Por ejemplo, si te acosa la codicia, pero no cedes a ella, pasarás automáticamente a practicar la virtud del desapego.

Las pasiones se encuentran en el círculo exterior de la figura 3, dado que están asociadas con el yo periférico o personalidad, y están representadas con líneas sólidas debido a que las pasiones tienden a operar de un modo ciego e inflexible, con la urgencia que caracteriza la visión de túnel.

Las *Pasiones o Esquemas emocionales desadaptativos* se detallan en la columna de la derecha (en el lado opuesto a las Virtudes) en cada uno de los nueve estilos del Eneagrama.

Ejercicio 19:

¿Qué pasiones te poseen?

Las pasiones se experimentan como una energía adictiva, ya que se sienten como fuerzas extrañas que nos impulsan y parecen estar fuera de nuestro control.

¿Cuáles son las adicciones y anhelos de tu personalidad? ¿Qué te llevan a pensar, sentir y hacer que sabes que no es bueno para ti? Por ejemplo, ¿te comparas compulsivamente con los demás?, ¿tienes la sensación de que el resentimiento o el ansia de venganza te invaden hasta el punto de no poder (o no querer) desprenderte de su obsesión?, ¿sientes que *has* de tener algo y te sientes desesperadamente mal si no lo posees?

Haz una relación de tus adicciones, compulsiones, obsesiones, anhelos ciegos, deseos, pensamientos, juicios, etc., y, a continuación, compáralos con las pasiones que se describen en los estilos del eneagrama y busca similitudes.

Ejercicio 20:

¿Cuál es tu defecto dominante?

Según la sabiduría perenne y muchas tradiciones espirituales, la pasión guarda relación con tu defecto dominante o pecado capital, dado que sería de esta fuente o «gozne» de donde fluirían o con la que estarían conectadas todas las demás actitudes y comportamientos descarriados.

¿Tienes la impresión de que alguna de las pasiones o adicciones de las que tomaste nota es clave en tu estilo de personalidad? ¿Acaso alguna de estas actitudes puede estar causando la mayor parte de tus problemas? ¿Eres capaz de ver si alguna de esas pasiones lo impregna todo en tu personalidad o en las distorsiones de tu paradigma?

Piensa en cómo esa pasión influye en tus percepciones, decisiones y conductas. Rastrea los hilos de tal pasión a través del tejido de tu personalidad. Al igual que las raíces de una mala hierba, tienes que discernir cómo se extiende y alcanza a gran parte de lo que haces.

Por ejemplo, si tu pasión dominante es la gula, quizás disciernas de qué modo el deseo de experiencias nuevas y variadas anima tu vida, llevándote a querer tener todas tus opciones abiertas y a no comprometerte con nada, a temer y evitar el dolor, etc. Todo esto serían manifestaciones de tu defecto dominante básico o pasión.

Toma nota de tus reflexiones y observaciones acerca de tu defecto dominante.

Cambios de paradigma

Los siguientes ejercicios están diseñados para ayudarte a reflexionar sobre posibles cambios en tus percepciones, sentimientos y comportamientos. Quizás hayas experimentado tales cambios bien sobre decisiones voluntariamente tomadas o bien como movimientos involuntarios. Con suerte, algo habrás aprendido sobre cómo variar tu habitual manera de interactuar. El siguiente ejercicio formula la pregunta fundamental del cambio de paradigma.

Ejercicio 21:
¿Qué te resulta imposible de hacer dentro de tu propio estilo?
¿Qué eres incapaz de imaginarte haciendo (p. ej., si pudieras hacerlo, cambiaría fundamentalmente tu estilo)?
Un cambio de paradigma te lleva fuera de tus propios límites para introducirte en otro paradigma o visión del mundo con una serie distinta de reglas y límites.

Lo que aquí encuentras difícil de hacer podría ser relativamente fácil dentro de otro paradigma. Si, por ejemplo, desde tu paradigma te resulta difícil expresar la ira, es muy posible que desde otro paradigma te resultara más fácil. O si tu paradigma te dificulta pensar con claridad, desde otro paradigma podría resultar de lo más lógico.

Hay problemas que no son fáciles de resolver desde tu paradigma, pero que se pueden resolver desde el paradigma de otra persona. Quizás encuentres la respuesta a algunos de tus «problemas irresolubles» aplicando el paradigma de otra persona.

Por ejemplo, ¿te resulta difícil imaginarte haciendo primero lo que te apetece y después lo que *deberías* hacer? ¿O viceversa?

¿Te resulta casi inconcebible expresar abiertamente tus sentimientos mientras los estás sintiendo?

¿Te resulta inimaginable vivir sin dudas?

Toma nota de aquellas cosas que no puedas hacer (o que en realidad no te permites hacer), algo que, si lo hicieras, supondría un cambio radical en tu estilo de vida y de interacción.

Ejercicio 22:
¿Qué te sucede cuando estás bajo estrés?

¿Te descubres regresando a patrones de comportamiento previos? ¿Te descubres pensando, sintiendo, comportándote del modo en que lo hacías en tu infancia?

¿Intentas otras medidas desesperadas para evitar enfrentarte a los problemas?

¿O, estando bajo estrés, te pones a veces a la altura de las circunstancias y te sorprendes a ti mismo por la forma en la que te enfrentas a la presión o a una emergencia? ¿Encuentras recursos dentro de ti que normalmente no has convocado?

Toma nota del aspecto que tienes internamente cuando te desmoronas bajo el estrés. ¿Qué piensas, sientes y haces cuando empiezas a desintegrarte? Cuando el estrés saca lo peor de ti, ¿qué es lo peor?

Toma nota del aspecto que tienes internamente cuando te recompones bajo el estrés. ¿En qué consiste tu respuesta elegante bajo el fuego? ¿Cuáles son tus estrategias más efectivas cuando estás bajo presión? ¿Qué piensas, sientes y haces cuando estás a la altura de las circunstancias?

En condiciones de estrés

Bajo estrés, cada estilo tiende hacia determinadas estrategias de defensa. Cuando nuestros paradigmas automáticos habituales y nuestros patrones emocionales y conductuales no consiguen remediar la situación, tenemos la tendencia a utilizarlos de forma compulsiva en lugar de intentar algo diferente. Y cuando finalmente renunciamos a estos patrones, o cuando se desmoronan, nos encontramos recurriendo por defecto a las maniobras compulsivas de otro estilo.

Recurriendo al lado inferior del estilo siguiente

Esta estrategia regresiva se puede identificar si sigues la dirección de la flecha *hacia delante* desde nuestro estilo habitual hasta el estilo adonde *lleva* la flecha. En este caso, comenzamos a adoptar y a translucir los rasgos negativos del *lado inferior* de este tipo. Además de asumir las estrategias compulsivas de este estilo, también comenzamos a encajar los mismos aspectos de realidad que este tipo evita. De este modo, se nos hacen inaccesibles cada vez más partes de nosotros mismos, y nuestras reacciones se constriñen y se hacen más rígidas. Por ejemplo, cuando la persona sensible se desespera intentando ser especial, puede comenzar a evitar sus propias necesidades y, a cambio, puede volcarse en servir a los demás para obtener cariño y atenciones. Así, se convierte en un «servidor sufriente». Sería así como el estilo 4 podría desplazarse hasta el lado inferior o compulsivo del estilo 2 cuando sufre estrés interno y externo.

Recurriendo al lado superior del estilo siguiente

El estrés suele sacar lo peor de nosotros. Sin embargo, a veces saca lo mejor. En tales circunstancias, nos encontramos optando deliberadamente por el paradigma alternativo y los métodos eficaces de otro estilo. Podemos desplazarnos hacia el *lado superior* del estilo siguiente. Por ejemplo, la persona sensible, al percatarse de que se está ensimismando o se involucrando demasiado en su propio proceso, opta por salir de sí misma y empatiza de forma genuina para servir a los demás. Sería así como el estilo 4, bajo estrés, podría desplazarse hacia el lado superior o saludable del estilo 2.

Estos cambios de paradigma hacia la regresión, la fragmentación y la compulsión, o hacia el crecimiento, la integración y la totalidad, se encuentran representados gráficamente en la figura 4, abajo.

Fíjate en la sección *Cambios de paradigma que puedes experimentar bajo condiciones de estrés* en cada uno de los nueve estilos del eneagrama y observa si reconoces alguno de tus propios cambios de patrón bajo estrés.

Cambios de paradigma

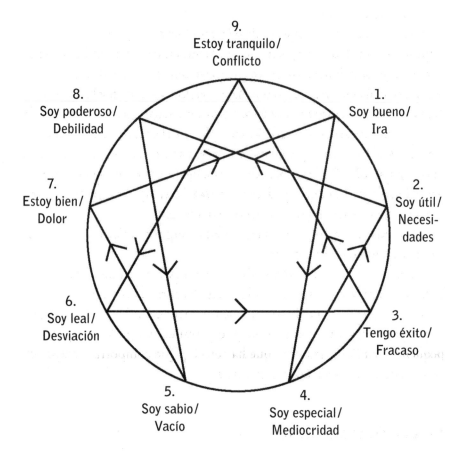

9.
Estoy tranquilo /
Conflicto

8.
Soy poderoso /
Debilidad

1.
Soy bueno /
Ira

7.
Estoy bien /
Dolor

2.
Soy útil /
Necesi-
dades

6.
Soy leal /
Desviación

3.
Tengo éxito /
Fracaso

5.
Soy sabio /
Vacío

4.
Soy especial /
Mediocridad

Movimientos hacia estados de plena capacitación
y de no capacitación

Figura 4

Ejercicio 23:
¿Qué aspecto interno muestras en situaciones relajadas
y no amenazadoras?

Cuando estás bien, ¿de qué modo *piensas* y *sientes* respecto a ti mismo, respecto a los demás y respecto a las maneras en que interactúas con los demás? ¿Qué diferencias observas entre este punto y aquel otro en el que te sentías ansioso, amenazado o mal con respecto a ti mismo? ¿Qué *haces* cuando estás bien que no puedes o no quieres hacer cuando estás mal?

Cuando te sientes seguro (por ejemplo, en el entorno de tu hogar o con tu familia), ¿qué te permites pensar, sentir y hacer que no te permitas en público? Por ejemplo, ¿eres más exigente o quejica en casa? En ocasiones, en entornos familiares y confortables, dejamos salir nuestros aspectos menos aceptables socialmente hablando.

En condiciones de relajación, pueden emerger fortalezas reprimidas o alguna debilidad encubierta.

Toma nota del aspecto interior que muestras cuando estás bien, cuando te sientes seguro, aceptado, relajado, integrado, libre y vivo.

Y ahora toma nota del aspecto que muestras cuando te sientes seguro y no percibes amenaza alguna, y te permites el lujo de dejar salir al pequeño gremlin o demonio que hay en ti. ¿Qué comportamientos no característicos y asociales te consientes?

En condiciones armónicas

Bajo condiciones de relajación y afirmación, cada estilo tiende a modos de percepción y de comportamiento más equilibrados, integrados, objetivos y proactivos (frente a reactivos). Para remediar una situación, *sucumbimos* a otro enfoque en lugar de *rendirnos* ante nuestro enfoque habitual. Esto supone un cambio de paradigma, pues ampliamos nuestra perspectiva con otro marco de referencia e incrementamos nuestro repertorio conductual con otra serie de habilidades.

Recurriendo al lado superior del estilo precedente
Este paradigma alternativo y su consiguiente estrategia se encuentran en los patrones saludables de adaptación del estilo *precedente* al nuestro,

yendo *hacia atrás* en la dirección de la flecha. Entonces, comenzamos a adoptar y activar los rasgos positivos o el *lado superior* de este tipo. Con el fin de descubrir los recursos infrautilizados en nuestro interior, podemos contemplar la perspectiva, las fortalezas, las estrategias efectivas de adaptación y las actitudes del estilo precedente para saber qué extraer en nosotros mismos con el fin de equilibrarnos y desatascarnos. Normalmente, reconocer y activar la declaración del yo idealizado del tipo precedente resulta en general saludable y motivador. Por ejemplo, será beneficioso para el estilo perfeccionista decir: «Estoy bien, aunque no sea perfecto».

Recurriendo al lado inferior del estilo precedente

A veces, cuando estamos en un entorno confortable, podemos deslizarnos hacia el *lado inferior* del estilo precedente. Nos pasamos de la raya y asumimos los rasgos compulsivos del otro paradigma. Por ejemplo, hacemos cosas en familia que no nos atreveríamos a hacer en público. O bien, si se siente a salvo, la persona sabia se puede volver mandona y cruel (el lado inferior del estilo 8), en vez de recurrir a sus instintos y comportarse de forma asertiva (el lado superior del estilo 8).

Estos cambios de *paradigma* en dirección al crecimiento, la integración y la totalidad, o hacia el estancamiento, la fragmentación y la compulsión se encuentran reflejados en la figura 4.

Fíjate en las descripciones de los *Cambios de paradigma que puedes experimentar bajo condiciones de relajación* en cada uno de los nueve estilos del eneagrama y comprueba si reconoces tus cambios perceptivos, emocionales y conductuales cuando te sientes aceptado y a salvo.

Los tres centros o instintos

Según algunas escuelas de la sabiduría perenne, cada persona tiene tres centros de inteligencia o, lo que es lo mismo, tres lugares de toma de decisiones o tres instintos que la ayudan a sobrevivir y a medrar en las esferas física, interpersonal y espiritual en las que vive. La neuroanatomía moderna ha descubierto la existencia de tres capas en la evolución del cerebro. Está, por una parte, el cerebro reptiliano, que está situado encima del tronco encefálico. Después se desarrolló el viejo cerebro de mamífero, formado por el sistema límbico que envuelve al cerebro reptiliano. Y finalmente evolucionó el neocórtex, que envuelve al cerebro de mamífero.

El **instinto de autopreservación** está situado en el centro de la tripa, en la cavidad pélvica, y nos proporciona la *sensación física* de cómo nos comportamos en relación con nosotros mismos. Naturalmente, nos informa de lo que necesitamos. Si este instinto funciona mal o está dañado, experimentamos una profunda inseguridad respecto a nosotros mismos. A este centro se le denomina *Kath*. En la sabiduría tradicional, es el lugar en el que tenemos que situarnos para tranquilizarnos y centrarnos. Es también el centro del movimiento, como se señala en el taichí y en las artes marciales. Se utilizan diversos ejercicios de respiración, de movimiento y posturales para activar este centro. En el cerebro reptiliano se encuentran, precisamente, las funciones cerebrales responsables de la respiración, y de la coordinación de los movimientos, junto con otras actividades del sistema nervioso autónomo. Se dice que esta sección del cerebro contiene el acervo ancestral de la especie.

El **instinto para las relaciones interpersonales** está situado en el corazón, y nos proporciona la *sensación emocional* de con quién estamos y cómo nos desempeñamos en las relaciones con los demás. Nos dice lo que la otra persona pueda necesitar. Si este instinto no funciona, nos vemos abocados a la soledad. Se lo denomina el centro *Oth*. En la sabiduría tradicional, se trata del centro de la devoción y el amor. El centro del corazón se suele activar mediante el canto y otras prácticas auditivas, como la oración vocal. El antiguo cerebro de mamífero contiene aquellas partes del cerebro que regulan las emociones junto con el centro del placer/dolor.

El **instinto para la conexión y la orientación** (sintonía) está ubicado en el centro de la cabeza y nos proporciona la *sensación intelectual* de dónde estamos, de dónde venimos y adónde vamos. Este instinto nos permite encontrar el sentido de la dirección, el propósito y el significado. Si está dañado, nos sentimos desconectados, inútiles e inadecuados. Se lo denomina centro *Path*. En la sabiduría perenne, el centro de la cabeza se activa a través de técnicas de visualización. Es la sede de la iluminación. El neocórtex o materia gris, recibe también el nombre de córtex asociativo, porque es capaz de establecer asociaciones, planificar de antemano y tomar en consideración las consecuencias, demorarse e inhibirse, hacer movimientos voluntarios y mantener un discurso productivo con el entorno exterior.

Mientras que todas las personas disponen de los tres centros y los necesitan, normalmente confiamos más y mostramos preferencia por uno de ellos. Los tipos 8-9-1 del eneagrama prefieren el centro de la *tripa;* los tipos 2-3-4 prefieren el centro del *corazón;* los tipos 5-6-7 prefieren el centro de la *cabeza.* Si un centro intenta hacer el trabajo de otro, se provoca un desequilibrio que lleva a la persona a comportarse de forma excesivamente cerebral, o bien a estar demasiado dominada por los sentimientos o a ser excesivamente impulsiva. Cuando se permite que los tres centros funcionen libremente y en armonía, experimentamos cierta sensación de totalidad, integración y equilibrio.

Platón y, posteriormente, Gurdjieff hablaban de los tres tipos de personas en las cuales predominaba o bien el centro de la cabeza, o bien el del corazón o bien el del abdomen. Pero había un cuarto tipo de personas, que eran las que habían integrado los tres centros. Platón recurrió a la imagen de un carro alado tirado por caballos y conducido por un auriga para describir las interrelaciones entre el centro físico (el carro), el centro emocional (los caballos) y el centro intelectual (el auriga). Pero Gurdjieff actualizó la imagen a su época y los comparó con un carruaje, un caballo y un cochero para ilustrar los tres centros.

Estos tres centros para la recopilación de la información, su evaluación y la acción en función de ella están representados en la figura 5.

El resto de los ejercicios te van a pedir que reflexiones sobre tu experiencia con estos tres centros.

Los tres instintos

Centro intelectual

Instinto orientador: «¿Dónde estoy?».
Propósito, dirección
Disfunción: Sentimiento de inutilidad e inadecuación

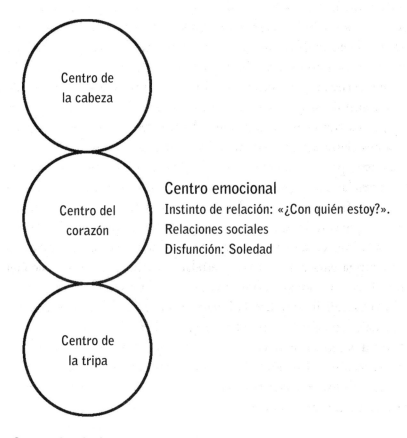

Centro de la cabeza

Centro del corazón

Centro emocional

Instinto de relación: «¿Con quién estoy?».
Relaciones sociales
Disfunción: Soledad

Centro de la tripa

Centro instintivo

Instinto de conservación: «¿Cómo estoy?».
Autopreservación
Disfunción: Inseguridad acerca del yo

Figura 5

Ejercicio 24:
¿Cuál es tu centro preferido? ¿El de la cabeza, el del corazón o el de la tripa (el cuerpo)?
Cuando tienes que tomar una decisión importante, ¿cuál es el centro al que consultas y en el que confías?

¿Consultas y confías en la lógica y la razón? ¿Haz una relación de pros y contras de las distintas opciones disponibles en tu caso? ¿Adoptas un enfoque racional a la hora de tomar decisiones? ¿Utilizas la cabeza?

¿Consultas a tus emociones y confías en ellas para discernir entre distintas opciones viendo cómo te sientes con cada una? ¿Imaginas las posibilidades que hay a tu disposición y dejas que sean los sentimientos los que te lleven en una dirección u otra? ¿Utilizas el corazón?

¿Consultas a tu cuerpo y confías en él para sentir lo que quieres? ¡Tomas decisiones de forma rápida e instintiva, a veces antes de llegar a pensar o sentir nada acerca de tus opciones? Con este juicio no parece quedar espacio para la duda. ¿Recurres a los presentimientos?

Toma nota de cómo sueles tomar las decisiones importantes en tu vida. Quizás descubras que recurres a los tres enfoques. Cuantos más mejor, pero ¿qué centro es el árbitro que pronuncia el «ve a por ello» final?

Ejercicio 25:
¿En qué condiciones se encuentra tu carruaje (centro físico) en estos momentos?
¿Cuidas de tu cuerpo o carruaje? ¿Le has sacado brillo, está bien engrasado y listo para el camino de la vida? ¿O lo tienes abandonado, oxidado y apenas le giran las ruedas?

Los músculos y las articulaciones se lubrican de forma natural merced al ejercicio y el movimiento. ¿Haces regularmente ejercicio para mantenerte en forma?

¿Tienes sobrepeso hasta el punto de que tus caballos casi no pueden tirar de ti? ¿O tu peso está por debajo de la media, de tal manera que apenas se te pueden poner cargas?

¿Convendría que tomaras en consideración la dieta? ¿Le proporcionas a tu organismo las vitaminas y los minerales que necesita? ¿O estás taponando tus arterias? Si tu cuerpo está anhelando proteínas, ¿le estás dando la alimentación adecuada o lo estás alimentando a base de algodón dulce?

Adicciones como la comida, la bebida, los fármacos, el tabaco, etc., ¿no estarán reemplazando un saludable cuidado corporal?

¿Necesitas algún tipo de terapia corporal que poner tu carruaje en forma (masaje terapéutico, Rolfing, bioenergética, terapia del movimiento Feldenkrais, terapia reichiana, reiki, taichí, aikido u otras artes marciales, terapias respiratorias, zen u otros métodos, por nombrar algunas de ellas)?

Toma nota de tus reflexiones en todos estos asuntos.

Ejercicio 26:
¿En qué condiciones se encuentran tus caballos
(el centro emocional) en estos momentos?
¿En qué situación se encuentra tu vida emocional? ¿Has desarrollado tus emociones hasta el mismo punto en que has desarrollado tu mente y tu cuerpo? ¿Estás en contacto con tus sentimientos y te encuentras cómodo expresando todos los rangos de éstos?

¿Cómo te llevas con *sentimientos duros* como la ira? ¿Eres capaz de enfrentarte a alguien con un comportamiento asertivo?

¿Cómo te llevas con *sentimientos suaves* como la tristeza, la vergüenza y el miedo? ¿Puedes alejarte de los demás si es necesario? ¿Puedes expresar tu vulnerabilidad?

¿Están tus caballos desnutridos o sin ejercitar? ¿Les proporcionas energía y oxígeno? ¿O los maltratas reteniendo la respiración y tensando los músculos? ¿Están tus sentimientos excesivamente controlados, restringidos, reprimidos, o son compulsivos?

¿O tienes unos caballos salvajes e indisciplinados? ¿Dejas correr libremente tus sentimientos, de tal modo que son ellos los que te controlan a ti, en vez de ponerles unas suaves riendas para dirigirlos? ¿Son tus sentimientos histéricos, volubles, abrumadores, impulsivos?

También aquí, ¿existe alguna adicción (a la comida, al alcohol, la nicotina, los fármacos, la gente, el trabajo, etc.) sustitutiva, que encubra o te distraiga de un contacto y una expresión genuinos de las emociones?

¿Necesitarías tomar en consideración algún tipo de terapia emocional catártica para liberar tus emociones? Entre los ejemplos se encuentran la terapia Gestalt, la terapia de grupo, el grito primal u otras terapias regresivas.

Toma nota de cómo te llevas con tus distintos sentimientos.

Ejercicio 27:
¿En qué condiciones se encuentra tu cochero
(centro de la cabeza) en estos momentos?

¿En qué situación se encuentra tu vida cognitiva? El carruaje más lujoso, con los caballos más briosos, no te van a servir de nada si el cochero está borracho o no conoce el camino.

¿Son precisos y están actualizados tus mapas cognitivos, tus sistemas de creencias, tus suposiciones, tus maneras de construir e interpretar la realidad? ¿O sigues trabajando con las creencias, actitudes y mapas que desarrollaste en la infancia? ¿Necesitas actualizar tus mapas?

¿Has comprobado tus suposiciones últimamente con otras personas? ¿Y has contrastado tus hipótesis y esquemas con los datos externos y los datos de tu propia experiencia? Quizás estés cambiando los datos para que encajen con tu esquema, o puede que estés negando tu propia experiencia para que encaje con algún «debería» o prejuicio que te transmitieron a una edad temprana.

¿Trabaja con claridad tu pensamiento o es confuso? ¿Te entregas al «pensamiento apestoso», como lo llaman en el programa de Doce Pasos?[2] ¿Haces generalizaciones excesivas, piensas de forma absolutista, con categorías de todo o nada, blanco o negro? ¿Confundes tus proyecciones con la realidad?

¿Tu atención se dirige normalmente en determinada dirección o entra en ciclos derrotistas? ¿Necesitas alguna forma de terapia cognitiva para actualizar tu pensamiento, para hacerlo más preciso y realista? La

---

2. El programa de Doce Pasos es un programa terapéutico de rehabilitación diseñado en su origen para el tratamiento del alcoholismo. De hecho, se creó en 1935 dentro de Alcohólicos Anónimos. El «pensamiento apestoso» *(Stinking Thinking)* es el que lleva a la persona a creer que fracasará, que le ocurrirán cosas negativas o que no es una buena persona. *(N. del T.)*.

terapia racional-emotiva, la terapia cognitiva conductual o cognitiva dinámica, aspectos de la programación neurolingüística y la terapia multimodal son unos pocos ejemplos.

Pon por escrito tu evaluación sobre cómo está funcionando tu centro de la cabeza.

Un ejercicio anterior (3) preguntaba qué es lo que realmente querías en tu yo más verdadero. Los ejercicios que quedan te van a pedir que seas más específico y que reflexiones sobre lo que desea cada uno de los centros de tu yo.

Ejercicio 28:
¿Qué necesita y desea tu cabeza?

Ejercicio 29:
¿Qué necesita y desea tu corazón?

Ejercicio 30:
¿Qué necesitan y desean tus tripas (cuerpo)?

Los nueve estilos

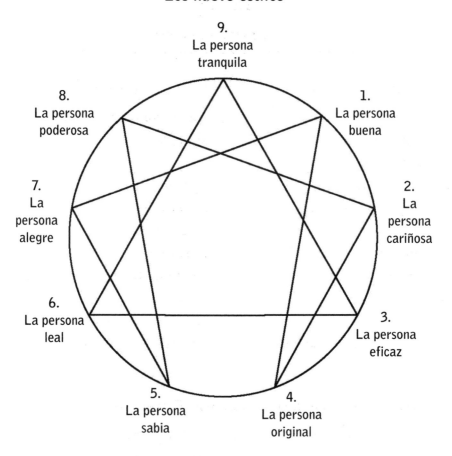

9.
La persona
tranquila

8.
La persona
poderosa

1.
La persona
buena

7.
La
persona
alegre

2.
La
persona
cariñosa

6.
La persona
leal

3.
La persona
eficaz

5.
La persona
sabia

4.
La persona
original

Figura 6

Estilo 1

La persona buena

Descriptores positivos de tu estilo. Eres una persona…

seria	que se esfuerza por la excelencia
responsable	idealista
entregada	de fiar
concienzuda	rigurosa
de propósitos elevados	minuciosa
precisa	justa
puntual	perseverante
sincera	que desarrolla todos los potenciales
esforzada	ética
moral	que busca la claridad
con elevados estándares	intensa

Descriptores negativos de tu estilo. Eres una persona…

excesivamente crítica	perfeccionista
exigente	con altas expectativas
colérica	poco realista
estirada	demasiado insistente
mordaz	estricta
ambiciosa	entrometida
impaciente	puritana
esclavista	aleccionadora
moralista	con demasiados «deberías»
que se esfuerza demasiado	excesivamente seria

Tendencias de valores nucleares positivos

Valoras la *bondad,* lo *bueno,* y sientes atracción por ello. Quieres hacer del mundo un lugar mejor donde vivir. Quieres hacer realidad todos tus potenciales y ayudar a los demás a actualizar los suyos.

Aprecias la excelencia y te entregas a ella. Haces las cosas bien.

Eres capaz de ver de qué otro modo podrían ser las personas o las situaciones, y estás dispuesto a trabajar duro para hacer eso realidad.

Tienes una facultad crítica altamente desarrollada, por lo que se te da bien el control de calidad.

Tienes el don de la exactitud, de señalar el punto correcto. Dispones de un enfoque y una intención claros. Te gusta ser preciso.

Eres altruista e idealista, hasta el punto de preocuparte por personas y por causas que no te afectan directamente a ti.

Deseas un mundo mejor hasta el punto de comprometerte y emprender la acción para construirlo.

Exhibes sentimientos intensos ante todo aquello que valoras, y te implicas ardientemente en ello.

Eres meticuloso, entregado, perseverante, digno de fiar, esforzado e industrioso.

Eres serio. Vives tu vida con elevadas intenciones, ideales y propósitos.

Valoras mucho la equidad y la justicia.

Dispones de un fuerte carácter moral. Intentas vivir una vida auténtica, consagrada a un bien superior y una visión superior. Quieres vivir una vida de pureza moral.

Características nucleares distorsionadas

Puedes identificarte en exceso con la *imagen idealizada de ti mismo* de ser una persona *buena, recta o perfecta,* lo cual adquiere suma importancia para ti, pues piensas que si eres una buena chica o un buen chico, los demás te aceptarán.

Tienes miedo de hacer las cosas si tienes dudas de poder hacerlas a la perfección.

Tienes dificultades para aceptarte a ti mismo, aceptar a otras personas y aceptar la realidad tal cual es.

Puedes llegar a preocuparte con lo que falla o lo que falta y, en consecuencia, se te puede pasar por alto lo que hay realmente ahí.

Puedes parecer pedante cuando te manifiestas acerca de lo que consideras correcto, y puedes preocuparte en exceso con los detalles y con lograr que todo esté en su sitio. Puedes volverte obsesivo o compulsivo.

Puede que no consideres tan importantes tus propias necesidades, querencias y sentimientos como aquello que consideras que *debes* hacer.

Tienes la tendencia a interferir o a entrometerte en la vida de los demás con el fin de mejorarlos por su propio bien.

Puedes ser excesivamente entusiasta, y puede que no estés dispuesto a ver otros puntos de vista. Tienes dificultades para dar un paso atrás y para desapasionarte.

Puedes volverte hiperresponsable y adicto al trabajo. Te sumes en la tensión y vives tu vida bajo presión cuando ves que te quedas sin tiempo para hacer todo lo bueno que debería hacerse.

Puedes tomarte demasiado en serio a ti mismo y a las situaciones, hasta el punto de que te resulta difícil jugar y divertirte.

Eres proclive al resentimiento, dado que tienes la tendencia a juzgar fácilmente que la vida no es justa.

Puedes ser moralista y puritano, y te ves tiranizado por tus *deberías*.

Paradigma objetivo: *Totalidad*
Esquema cognitivo adaptativo:
Comprendes la perfección como un *proceso,* como algo hacia lo que siempre te estarás dirigiendo.

Confías en el proceso de crecimiento, tanto en ti mismo como en los demás, y sientes que el universo se desarrolla como debería hacerlo.

Puedes apreciar el instante tal cual es. Disfrutas de ti mismo y de los demás con vuestras luces y sombras. Estás en estos momentos justo donde tenías que estar.

Paradigma distorsionador: *Perfección*

Esquema cognitivo desadaptativo:

Ves la perfección en términos de *producto* terminado, como algo que debería ser ya una realidad.

Te marcas tus inalcanzables estándares porque no confías en tu desarrollo natural.

Crees que necesitas mejorar en el momento actual. Lo mejor es enemigo de lo bueno. En vez de dejarte en paz a ti mismo y a los demás, interrumpes e interfieres con todo para intentar hacerlo mejor.

Virtud: *Serenidad*

Esquema emocional adaptativo:

Estás en contacto y te sientes a gusto contigo mismo. Eres capaz de relajarte en el proceso de la vida. Experimentas el equilibrio y la armonía entre los opuestos.

Pasión: *Ira*

Esquema emocional desadaptativo:

La ira se puede convertir en una actitud emocional habitual para ti. Eres resentido porque no hay nada que satisfaga tus altos estándares y tus expectativas no se cumplen. Te enzarzas en pensamientos de todo o nada, blanco o negro. Si no es perfecto, no es bueno.

Área de evitación: *Ira*

Te incomoda estar furioso, y te parece que es un sentimiento inaceptable, aunque es una reacción frecuente en ti. Los buenos chicos y las buenas chicas no deberían enfadarse.

Mecanismo de defensa: *Formación de reacciones*

Para mantener tus impulsos iracundos fuera de tu conciencia, haces lo opuesto a lo que te sientes inclinado. Por ejemplo, en vez de enfrentarte a alguien, te muestras agradable con él; en vez de activarte sexualmente, te comportas de un modo puritano.

Cómo se desarrolló la distorsión de este estilo

- Se te recompensaba por ser bueno y hacer las cosas bien; se te castigaba por ser malo y hacer las cosas mal.
- Obtenías la aprobación siendo un buen chico o una buena chica.
- Desarrollaste la creencia de que eras «alguien» si tus ideales eran más elevados que los de los demás, y que no eras «nadie» si no eras perfecto.
- Creíste que buscando la excelencia y teniendo altos estándares serías mejor que los demás.
- Ser un superconseguidor te hacía sentir bien y te granjeaba la aprobación social.
- Llegaste a creer que no gustarías a los demás a menos que fueras perfecto.
- Descubriste que podías hacer las cosas mejor o que se harían bien si las hacías tú mismo.
- Aprendiste a controlarte a ti mismo y a los demás, y aprendiste a controlar las situaciones, siguiendo las reglas y los deberías prescritos.
- Se te dieron, o asumiste, responsabilidades a una edad muy joven. Se esperaba de ti que maduraras pronto y que te comportaras como un progenitor para tus hermanos o quizás incluso para tu madre o tu padre.
- Quizás fueras el hijo mayor o uno de los mayores.
- Aprendiste en casa y en la escuela que enfurecerse era inaceptable.

Lo que te pierdes como consecuencia de la distorsión de tu estilo

- Espontaneidad, diversión, alegría despreocupada.
- Más interacciones despreocupadas con la gente.
- Confiar en ti mismo, en los demás, en la realidad.
- Discurrir con el flujo, disfrutar del proceso en vez de controlar y empujar el río.
- Sentirte relajado.
- Tolerancia y aceptación, en vez de estar bajo la lupa, escrutado, criticado, presionado.
- Ser tú mismo, en lugar de tener que demostrar tu valía.

- Vivir la vida sin la sensación de ser examinado.
- Hacer algo medio bien sólo porque te gusta hacerlo así o porque vale la pena hacerlo medio bien.

Cambios de paradigma que puedes experimentar bajo condiciones de estrés

Un cambio hacia el lado inferior de tu propio estilo
- Quizás te esfuerces más para corregir la situación o para sentirte mejor.
- Podrías esforzarte más, presionarte más o trabajar más, hasta el agotamiento.
- Puedes volverte más rígido y estricto contigo mismo y con los demás.
- Quizás te muestres más resentido porque tu bondad no está siendo justamente recompensada. Eres bueno, te esfuerzas y no te sientes recompensado, y eso no es justo.
- Puedes volverte más serio, iracundo, estar más frustrado, mostrarte más taciturno y depresivo.

Un cambio hacia el lado inferior del estilo 4
- Puedes sentirte incomprendido, victimizado, puedes sentir incluso que se han aprovechado de ti. Puede que te sientas mal porque el mundo no aprecia tus esfuerzos por mejorarlo.
- Podrías intentar ser especial si no puedes ser lo suficientemente recto o perfecto.
- Podrías volverte más crítico contigo mismo en ocasiones, hasta el punto de decir: «¿Para qué todo esto? Soy un caso perdido. Nunca seré lo suficientemente bueno».
- Puedes dirigir la cólera sobre ti mismo y deprimirte, en vez de canalizar tu energía en la resolución productiva del problema.
- Puede que renuncies a tu precisión y exactitud, y que comiences a exagerar la situación hasta que te abrumen tus sentimientos. Evitas las experiencias ordinarias y te vuelves dramático.
- Quizás recurras al pensamiento apestoso, llevándolo todo a términos absolutos y catastróficos, y quedándote atascado en las polaridades de «o esto o lo otro», blanco o negro.

- En vez de emprender la acción y hacer algo respecto de lo que está mal, podrías desmoralizarte y sumirte en la inactividad. Puede que termines inmerso en la melancolía y la autocompasión.
- Puede que te desanimes y renuncies a tus ideales y metas.
- Quizás no quieras ver la realidad ni tratar con ella de un modo sensato y directo, y te entregues a la manipulación.

Un cambio hacia el lado superior del estilo 4

- Aquí vas a establecer contacto con tus verdaderos sentimientos. Contactas con tus verdaderas preferencias e identidad, y dejas de identificarte con tus expectativas y con tus «deberías» internos y externos.
- Vas tras tu verdadero yo, en lugar de intentar realizar tus idealizaciones.

Cambios de paradigma que puedes experimentar bajo condiciones relajadas

Un cambio hacia el lado superior de tu propio estilo

- Te perdonas a ti mismo y a los demás.
- Te aceptas a ti mismo y aceptas la situación, en vez de mostrarte crítico y de querer cambiar inmediatamente las cosas. Dejas que crezcan malas hierbas junto al trigo. Te aceptas a ti mismo con tus luces y tus sombras.
- Practicas la plegaria de la serenidad[3] y eres más tolerante y paciente.
- Cambias tus categorías desde «o esto o lo otro» y «todo o nada» hasta «esto y lo otro», viendo más los continuos y los procesos.
- Quizás te preguntes qué es lo que te enfada y compruebes si tus expectativas acerca de ti mismo y de los demás eran demasiado elevadas y poco realistas.
- Expresas tu ira limpiamente, o la dejas salir, en vez de aferrarte a ella y seguir resentido.

---

3. Oración atribuida a Reinhold Niebuhr, que dice: «Señor, concédeme serenidad para aceptar todo aquello que no puedo cambiar, valor para cambiar lo que soy capaz de cambiar y sabiduría para entender la diferencia». *(N. del T.)*.

- Aceptas más todos tus sentimientos, sobre todo tus respuestas sexuales y agresivas. Lo que crees que son demonios son en realidad daimones (ayudantes amistosos).

Un cambio hacia el lado superior del estilo 7
- Puedes decirte a ti mismo: «Estoy bien, aun siendo imperfecto».
- Te tomas las cosas –tanto a ti mismo como las situaciones– con menos seriedad. Entras en contacto con tus aspectos lúdicos. Te tomas un respiro antes de desmoronarte.
- Eres más espontáneo. Te dejas llevar y dejas que las cosas ocurran, en vez de intentar tener un mayor control.
- Te desprendes de pesos, en lugar de añadirlos y volverte más serio. Quitas el pie del pedal del freno cuando patinas, en vez de pisar el freno con más fuerza.
- Puedes dejarte llevar por el flujo, en lugar de enfrentarte a él. No empujas el río, dado que fluye por sí solo. Confías en el proceso. Todo, incluido tú, está donde tiene que estar.
- Puedes preguntarle al niño o la niña en ti qué necesita y qué quiere.
- Eres capaz de hacer lo que deseas o lo que te agrada, en lugar de lo que se debería de hacer.
- Utilizas un pensamiento divergente, en vez de convergente, el «hay muchas maneras de resolver un problema» en vez del «sólo hay una manera correcta». Recurres más a la creatividad y la imaginación.
- Te fijas más en lo que está bien en ti y en la situación que en lo que está mal. Te fijas más en lo que hay que en lo que no hay. Puedes ver el vaso medio lleno en vez de medio vacío.

Un cambio hacia el lado inferior del estilo 7
- Quizás intentes escapar del dolor o de una situación actual a través de alguna adicción o de alguna trampilla agradable (p. ej., puede que intentes evitar tus voces interiores y tus «deberías» mediante la adicción al alcohol, las drogas, el sexo, etc.).

Estilo 2

La persona cariñosa

Descriptores positivos de tu estilo. Eres una persona…

solícita

desinteresada

generosa

sensible

halagadora

solidaria

cariñosa

afectuosa

amable

comprensiva

positiva

que acepta

que se sacrifica

centrada en los demás

compasiva

que escucha

que elogia

servicial

orientada a la relación

que apoya

Descriptores negativos de tu estilo. Eres una persona…

intrusiva

que interfiere

posesiva

manipuladora

exigente

que se siente víctima

que rescata

quejica

culpabilizadora

que no se enfrenta

que le cuesta recibir

sobreprotectora

mártir

que se deja dirigir por los demás

necesitada

asfixiante

que infantiliza

que cree no merecer ayuda

celosa

excesivamente dulce

Tendencias de valores nucleares positivos

Valoras y sientes atracción por el *amor*. Quieres hacer del mundo un lugar más amoroso donde vivir.

Eres naturalmente una persona generosa y desprendida a la que le gusta ayudar. Disfrutas dando a los demás. Eres generosa contigo misma, con tu tiempo, con tus energías y con tus posesiones.

Eres una persona comprensiva, atenta y considerada.

Aprecias, apruebas, aplaudes y elogias los dones de los demás de forma espontánea.

Eres amable y de buen corazón, y te esfuerzas por establecer la armonía y la reconciliación.

Tienes un sentido intuitivo de lo que los demás pueden necesitar, querer y de lo que están sintiendo.

Eres sociable, amable y accesible. Para ti, la vida va de relaciones.

Disfrutas ayudando a los demás a crecer y dándoles apoyo.

Se te da bien escuchar. Escuchas con el corazón y no juzgas.

Tu sentido de la valía proviene de tu interior. El amor te inunda, desde dentro hacia fuera, como un manantial.

Si alguien tiene hambre, le enseñas a pescar para que pueda alimentarse por sí solo.

Características nucleares distorsionadas

Puedes identificarte en exceso con la *imagen idealizada de ti mismo* de ser *cariñoso* y *servicial*. Sientes que sólo eres aceptable si eres cariñoso y buena persona.

Puedes convertirte en una persona que ayuda de forma compulsiva, dando amor para granjearte la atención y la aprobación. Esperas que te aprecien a cambio del cariño que das.

Puedes sobreproteger e infantilizar a los demás para caerles bien, dando caricias para recibir caricias.

Puedes manipular a los demás para que te quieran, dando caricias para recibir caricias.

Tienes dificultades para expresar tus sentimientos negativos, como la ira y la decepción, y para enfrentarte a todo aquello que no te gusta de los demás.

Te resulta difícil comportarte de un modo asertivo o iracundo. Puedes excederte intentando complacer a los demás.

Puedes perder el contacto con tus propias necesidades, querencias y sentimientos.

La soledad te inunda de ansiedad, y quizás no sepas cómo relacionarte si no es ayudando a los demás. Pero, curiosamente, puede que temas intimar demasiado.

Te resulta difícil dejar que los demás vayan a su aire, dejarlos crecer, dejarlos que se caigan.

Eres proclive a dar consejos, pues deseas controlar a los demás siéndoles útil. Quieres ser importante en la vida de las personas por lo mucho que les has dado.

Tu valía la estipulas en la medida en que te necesiten y te den su aprobación los demás. «Soy alguien si soy necesario». El amor llega desde el exterior para llenarte.

Si alguien tiene hambre, le das un pez pensando en que regrese a ti para que lo alimentes.

Paradigma objetivo: *Libertad*
Esquema cognitivo adaptativo:
Entiendes la libertad como la existencia dentro de las leyes naturales y los límites del dar y el recibir.

Eres interdependiente; lo mejor es dar *y* recibir.

Eres sensible ante la falta de libertad de los demás, de ahí que seas capaz de liberarlos.

Paradigma distorsionador: *Codependencia*
Esquema cognitivo desadaptativo:
Crees que la libertad significa estar libre de necesidades y de la necesidad de que te ayuden.

Eres codependiente; es mejor dar *que* recibir.

Cuidando de los demás para valorarte a ti mismo terminas esclavizándote, y te atas a los demás porque te necesitan.

Virtud: *Humildad*

Esquema emocional adaptativo:

Cuando te sientes humilde, aceptas tus propios límites y fronteras. Eres capaz de decir *no,* así como de decir *sí.* Eres capaz de tomarte tiempo para ti mismo.

Pasión: *Orgullo*

Esquema emocional desadaptativo:

El orgullo te embarga cuando crees que dispones de recursos ilimitados que dar. Crees que no necesitas o que no mereces ayuda. Tienes propensión a quemarte con el exceso de trabajo y responsabilidades.

Área de evitación: *Necesidades personales*

Tienes dificultades para reconocer y aceptar tus propias necesidades, hasta el punto de que o no eres en absoluto consciente de ellas o no quieres cargar a los demás con tus problemas. Tienes miedo de no poder ayudar y necesitar ayuda al mismo tiempo.

Mecanismo de defensa: *Represión*

Debido a que tus propias necesidades te generan ansiedad, las mantendrás fuera de la conciencia reprimiéndolas. Lo que haces es proyectar tus necesidades sobre los demás (de tal manera que sean otros quienes necesiten ayuda, no tú).

Cómo se desarrolló la distorsión de este estilo

- Obtenías la aprobación de los demás ayudando a otros y dándote y pidiendo poco para ti.
- Aprendiste a ser dulce, divertido, adorable y encantador para obtener atención y ganarte el afecto de los demás.
- Recibías muestras de aprecio por tu bondad.
- Te hiciste necesario e importante para los demás ayudándoles.
- Si expresabas tus propias necesidades o cuidabas de ti mismo, te hacían sentir culpable, y llegaste a creer que eras egoísta.
- Descubriste que, para sobrevivir, tenías que averiguar que querían los demás para luego proporcionárselo.

- Descubriste que era preferible cambiar tú para satisfacer las necesidades de los demás que conservar tu autenticidad y cuidar de tus propias necesidades.
- Tuviste que proporcionar apoyo emocional a tus progenitores, a veces hasta el punto de convertirte en progenitor de toda tu familia.
- Nadie comprendió lo que querías o necesitabas realmente, y nadie se molestó en averiguarlo.
- Se te gratificó por sentir empatía por los demás y por hacer que se sintieran mejor.
- Descubriste que acercarte a los demás con afecto funcionaba mejor que enfrentarte a ellos con ira o asertivamente, o que alejarte o mantener las distancias con ellos.
- Sobreviviste siendo dependiente de la aprobación de los demás y haciéndote necesario para ellos a través del servicio.
- Descubriste que complacer a los demás funcionaba mejor que complacerte a ti mismo.

Lo que te pierdes como consecuencia de la distorsión de tu estilo

- La alegría de recibir sin tener que ganártelo; la experiencia de la gracia.
- Permitir que los demás se sientan bien siendo amables y generosos contigo.
- Una sensación de valía basada en quién eres y no en lo que puedes dar.
- La libertad que emerge de una sensación interior de aprobación y seguridad, en vez de tener que buscar la aprobación en el exterior.
- La experiencia de intimidad en una relación recíproca.
- La sensación de que hay otra persona que verdaderamente te conoce, que conoce incluso tus necesidades y vulnerabilidades.
- La experiencia de expresarte libremente, frente a la experiencia de renuncia y humildad.
- La libertad de unas relaciones en las que no tienes que controlar a nadie mediante tu ayuda.

Cambios de paradigma que puedes experimentar bajo condiciones de estrés

Un cambio hacia el lado inferior de tu propio estilo

- Puede que incrementes tu ayuda y, con todo, no obtengas el aprecio que crees merecer, te sientas víctima y mártir, y termines lanzando reproches a los demás por no cuidar más de ti.
- Quizás intentes manipular a la otra persona para que se sienta culpable, con el fin de que te dé su aprobación y te muestre su aprecio.
- A medida que te aproximes al agotamiento y la quemazón, te volverás irritable, te deprimirás, te mostrarás resentido con las expectativas de los demás y te preguntarás de qué va todo esto.

Un cambio hacia el lado inferior del estilo 8

- Puede que te vuelvas vengativo y reivindicativo (al menos en tus fantasías) con aquellas personas que no te aprecian lo suficiente.
- Puedes abandonar el papel de rescatador para adoptar el de perseguidor.
- Puedes perder el contacto con tu amabilidad natural, endurecerte y desarrollar un sólido caparazón para proteger tu vulnerable autoestima.
- Puedes caer en la amargura, el hastío y la desconfianza en los demás.
- Puede que dejes de ayudar a los demás (por el momento) y decirles que se las apañen.
- Quizás intentes que los demás se vuelvan dependientes de ti para poder ejercer el poder y el control sobre ellos.
- En vez de pedir ayuda, quizás intentes ser más independiente y te niegues a necesitar a nadie. Quizás evites no sólo tus propias necesidades, sino también cualquier forma de debilidad.
- Podrías abrirte menos a los demás y a ti mismo.

Un cambio hacia el lado superior del estilo 8

- Puede que entres en contacto con tu verdadero poder interior y te liberes genuinamente de tu necesidad de aprobación y aprecio por parte de los demás.
- Quizás establezcas fronteras personales más fuertes, reclames tu propia autonomía plantándote sobre tus propios pies y que deje de preocuparte ganar la aprobación de los demás.
- Quizás asumas la responsabilidad de tus propias necesidades y dejes que los demás se responsabilicen de las suyas.
- Quizás te expreses de forma directa y sincera, en vez de intentar complacer a los demás y decir lo que crees que quieren escuchar.

Cambios de paradigma que puedes experimentar bajo condiciones relajadas

Un cambio hacia el lado superior de tu propio estilo

- Encuentras fuentes en otros lugares para valorarte, además de ayudando a los demás.
- Estableces contacto con tus propias necesidades, querencias y sentimientos.
- Te das permiso para tomarte tiempo y estar en soledad.
- Desarrollas un yo coherente, que no se altere por satisfacer los deseos y las necesidades de los demás.
- Puedes negociar con los demás de igual a igual. No sólo se te da bien ayudarles a expresar sus necesidades, sino que también puedes cerciorarte de expresar tus propias necesidades y de que sean escuchadas.
- Puedes pedir ayuda a los demás directamente en vez de pedirla de forma indirecta ayudándoles en primer lugar. Puedes hacer demandas directamente a los demás sobre lo que se te debe en justicia.
- Practicas el cuidado de ti mismo. Haces lo que necesitas hacer por ti. Mereces cuidar de ti y mereces que cuiden de ti.
- Haces una valoración realista de tus activos y tus limitaciones, y te apropias de ellos. Esto es lo que la humildad significa para ti.
- Dices «no» cuando quieres decir «no» y «sí» cuando quieres decir «sí».

- Dejas que los demás cuiden de sí mismos. Asumes la responsabilidad de tus necesidades y dejas que los demás asuman la responsabilidad de las suyas.
- Das porque quieres y no porque necesites aprecio y aprobación a cambio.
- Te permites recibir de los demás. Permites que te hagan regalos.

Un cambio hacia el lado superior del estilo 4
- Te puedes decir: «Soy especial, de modo que mis necesidades son tan importantes como las de todos los demás».
- Estableces contacto con la cultura y la belleza.
- Desarrollas tu lado creativo y autoexpresivo (frente a la autocrítica). Puedes dar salida a tus necesidades de forma creativa.
- Estableces contacto con tu propia y singular identidad, con tus sentimientos y tu espacio interior. Entras en contacto con tu tristeza y lamentas haberte abandonado a ti mismo en el servicio a los demás.

Un cambio hacia el lado inferior del estilo 4
- Puede que asumas una imagen artística pretenciosa, en vez de un genuino espíritu expresivo.
- Quizás te vuelvas petulante y exijas que los demás te aprecien y reconozcan tu carácter especial.

Estilo 3

La persona eficaz

Descriptores positivos de tu estilo. Eres una persona…

eficaz

de éxito

que consigue que se hagan las cosas

motivadora

entusiasta

pragmática

práctica

orientada a metas

llena de energía

buena gestora

popular

activa

dinámica

con múltiples facetas

organizada

segura de sí misma

vendedora

trabajadora

creadora de equipos

competente

Descriptores negativos de tu estilo. Eres una persona…

mecánica

que se las ingenia para salir adelante

calculadora

impaciente

expeditiva

adicta al trabajo

camaleónica

intrigante

divulgadora

consciente de la imagen

que se promociona a sí misma

preocupada por las apariencias

de la *jet set*

que busca el éxito

hábil

política

tergiversadora

triunfadora

que le gusta interpretar papeles

que ignora los sentimientos

Tendencias de valores nucleares positivos

Valoras y sientes atracción por la eficiencia, la productividad, la laboriosidad y la competencia.

Posees una capacidad natural para la organización.

Tienes la capacidad para conseguir que se hagan las cosas.

Serías un buen vendedor. Exudas confianza y competencia, de modo que la gente está dispuesta a comprarte, tanto a ti como a tu producto.

Se te da bien formar parte de un equipo. Como líder de equipo, eres capaz de organizar, dirigir y motivar al grupo. Como miembro del equipo, puedes llevar a cabo tus propias responsabilidades.

Se te da bien dar energía. Dispones de la energía para conseguir cosas y eres capaz de motivar a los demás.

Eres amable, afable y sociable.

Tienes un sentido intuitivo para lo que la gente espera. Sabes instintivamente qué imagen presentar para tener éxito.

Eres adaptable. Puedes negociar y comprometerte para que se lleven a término los proyectos.

Eres optimista, entusiasta y confías en tus capacidades.

Dispones de la capacidad para trabajar duro. Tienes un entusiasmo tremendo para realizar proyectos y alcanzar metas.

Características nucleares distorsionadas

Puede que te identifiques en exceso con la *imagen idealizada de ti mismo* de ser una persona *de éxito* y *productiva,* hasta el punto de que tu valía dependa de lo que haces, en lugar de depender de quién eres.

Puedes volverte excesivamente eficiente, maquinal y ultraprogramado.

Puedes reemplazar proyectos por personas.

Puedes convertirte en una *personalidad en venta,* haciendo depender tu valía de lo bien que te vendas a ti mismo o de lo comercial que resultes.

Puedes perder tu identidad personal adaptándote a la imagen del grupo o a la imagen de lo que el grupo quiere que seas.

Siempre tienes que estar en movimiento. Eres incapaz de reducir el ritmo, o bien tienes miedo de relajarte. Crees que *el progreso es nuestro producto más importante.*

Tus relaciones es posible que sean utilitarias y superficiales.

Eres capaz de vender tu yo personal, o de perderlo incluso, con el fin de obtener una máscara pública.

Puedes ser camaleónico. Puedes traicionar a tu yo interior a cambio de un papel y un compromiso.

Puedes engañarte y engañar a los demás exhibiendo simplemente una imagen de éxito.

Puedes convertirte en adicto al trabajo. Exhibes un comportamiento tipo A.[4] Tus logros no tienen otro fin que el de obtener la aprobación de los demás.

Paradigma objetivo: *Esperanza*
Esquema cognitivo adaptativo:

Puedes confiar en que todo discurrirá con suavidad, aunque no trabajes. Confías en que el mundo no se detendrá cuando tú te detengas.

Operas en armonía con los procesos naturales de la vida y dentro de las leyes sociales y naturales.

Paradigma distorsionador: *Eficiencia*
Esquema cognitivo desadaptativo:

Crees que el discurrir armónico de la organización, de una operación o del cosmos dependen principalmente de tus intervenciones.

Te crees que estás por encima de la ley, y que tus propias reglas de funcionamiento son más eficaces que los principios universales. Incluso, puedes llegar a creer que el fin justifica los medios.

---

4. Psicológicamente, la conducta tipo A se correspondería con una personalidad que se caracterizaría por ser competitiva, ambiciosa, agresiva, impaciente y práctica. *(N. del T.).*

Virtud: *Honestidad*
Esquema emocional adaptativo:
Eres honesto ante tu propio yo interior, en tus sentimientos y tus deseos.

Tu imagen exterior encaja con tu realidad interior.

Eres sincero y leal con los demás.

Pasión: *Engaño*
Esquema emocional desadaptativo:
Pierdes el contacto con tus verdaderos sentimientos y querencias, y presentas a cambio sentimientos programados y planificados.

Puedes engañarte a ti mismo y a los demás haciéndote y haciéndoles creer que la imagen que ofreces es tu verdadero yo. Vives de una imagen en lugar de vivir de verdaderas preferencias emocionales.

Muestras a los demás lo que crees que quieren ver o lo que pudiera parecer más exitoso.

Área de evitación: *Fracaso*
El área con la que has perdido el contacto y la que evitas es el fracaso. Con el fin de presentar una imagen de éxito, ocultas cualquier cosa que pueda no ser exitosa o reelaboras y reinterpretas los sucesos de tu vida (p. ej., dices, «En la vida no existe el fracaso; sólo hay experiencias de aprendizaje»).

Mecanismo de defensa: *Identificación*
Para que el fracaso no acceda a tu conciencia, te identificarás con cualquier máscara o papel de éxito que estés interpretando en ese momento. Pero te identificas con un papel, en vez de contigo mismo.

Cómo se desarrolló la distorsión de este estilo
- Se te recompensaba por tus logros, en lugar de por ti mismo.
- Tu valía dependía de lo que hicieras, en vez de depender de quién eras.
- Se te quería por lo que hacías o por el estatus que alcanzabas.
- Interpretar un papel te resultaba más seguro y te llevaba más lejos que ser tú mismo.

- Se te recompensaban la representación de un papel y la imagen que ofrecías, en vez de recompensarte por los vínculos emocionales y por comprometerte profundamente con los demás.
- Quizás fueras un niño o niña precoz, que obtenías la aprobación de los demás teniendo éxito en lo que hacías, pero perdiste el contacto con tus propios sentimientos y preferencias.
- El éxito, ganar, ser el primero y parecer bueno eran cosas que se valoraban mucho en tu familia.
- Ser de la forma en que los demás querían que fueras te proporcionaba lo que querías, de modo que aprendiste a representar un papel en vez de ser tú.
- Siendo eficiente y organizado, orientándolo todo a las metas y trabajando duro conseguiste ponerte en cabeza.
- Programándote a ti mismo y adaptándote conseguiste sobrevivir.

Lo que te pierdes como consecuencia de la distorsión de tu estilo

- La seguridad que proporciona saber que tu valía se basa en tu yo, en lugar de en tus producciones.
- Saber que tu valor no depende de las condiciones del mercado, p. ej., de lo que otros esperan de ti ahora.
- La experiencia de que te aprecien por ti mismo y no por tus logros.
- Ser tú mismo, expresarte, dejar que los demás te conozcan, sin tener que filtrarte a través de un papel o una máscara.
- No tener miedo de fracasar; el desapego del éxito; hacer algo porque vale la pena hacerlo, tanto si tiene éxito como si no.
- Sentir tus propios sentimientos, en vez de reemplazarlos con una representación.
- Ser el dueño de tu trabajo, en vez de ser dominado por tu trabajo.
- La capacidad de relajarte y dejar que otros dirijan los proyectos, o dejar que el universo discurra por sí solo.
- El compromiso emocional con los demás, resultado del encuentro de dos yoes reales; unas relaciones íntimas genuinas.

Cambios de paradigma que puedes experimentar bajo condiciones de estrés

Un cambio hacia el lado inferior de tu propio estilo

- Puede que trabajes más duro, que estés más en movimiento, que asumas más proyectos, que estreches más manos, que saques aún más comunicados de prensa sobre ti y tus proyectos.
- Puede que te preocupes aún más con tu imagen, y que imites otros papeles o modelos, en vez de manifestar quién eres realmente.
- Quizás dudes de tu valía personal y de si realmente estás aportando algo.

Un cambio hacia el lado inferior del estilo 9

- Además de querer evitar el fracaso, quizás intentes evitar también el conflicto, tanto el conflicto interior como los conflictos con los demás.
- En vez de enfrentarte al dolor o a los problemas, es posible que los evites, los dejes para más tarde, te distraigas o te insensibilices.
- Podrías reemplazar o adormecer tus verdaderos sentimientos trabajando más.
- Podrías renunciar a tu eficacia natural y a tus capacidades de resolución de problemas y decir: «¿Cuál es la diferencia?» o «¿De qué me sirve? No importa».
- Puedes llegar a dudar de ti mismo en vez de confiar en tus respuestas y deseos interiores genuinos.
- Quizás busques soluciones fuera de ti, en vez de en tu propio yo y en tus potenciales.
- Podrías apagar esa máquina en perfecto funcionamiento e irte a la cama, irte del «encendido» al «apagado», pasar del trabajo excesivo al agotamiento.
- Puede que te resignes y aceptes las cosas como son, en vez de intentar cambiarlas.
- Quizás recurras al alcohol, las drogas, a la comida, etc., si el éxito y el trabajo no parecen satisfacerte.
- Podrías hacerte aún más negligente con tu verdadero yo.

Un cambio hacia el lado superior del estilo 9

- Reduces el ritmo y dejas que emerjan tus verdaderos sentimientos y preferencias.
- Te haces más introvertido y reflexivo, y dejas que el yo interior se desarrolle.
- Te haces más contemplativo y receptivo para equilibrar tu actividad.
- Puedes ser uno con otra persona en un olvido de ti mismo.
- Estás más en paz contigo mismo y eres menos impulsivo.

Cambios de paradigma que puedes experimentar bajo condiciones relajadas

Un cambio hacia el lado superior de tu propio estilo

- Ahorras algo de energía para desarrollar tu yo, en vez de ponerlo todo en tu imagen y en tus proyectos.
- Te resistes a cambiar el modo en que te presentas sólo para manipular a los demás.
- Eres más sincero. Descubres tus verdaderos sentimientos y los confiesas, en vez de exhibir lo que crees que deberías sentir en tu papel. Consideras cualquier mentira como una forma de adicción.
- Aceptas el fracaso como parte de tu vida, en vez de culpar de ello a alguna otra persona o llamarlo de un modo distinto (una experiencia de aprendizaje, un éxito parcial, etc.).
- Ya no actúas de forma tan mecánica ni eficiente. Puedes abandonar la carrera de ratas.
- Puedes confiar en que el universo funciona a la perfección y según lo previsto, y que puede prescindir de ti de cuando en cuando.
- Quieres manifestar y concretar lo que hay de verdadero y lo que merece la pena en ti, en vez de buscar la imagen que la sociedad recompensa.
- Descubres a tu niño o niña perdida y desarrollas tu verdadero yo. Puedes separarte de tu imagen.
- Quieres trabajar para la sociedad y el bien común. Trabajas para el beneficio de los demás y no sólo para tener éxito.
- Te permites entrar en contacto con tus sensaciones físicas (p. ej., la fatiga).

Un cambio hacia el lado superior del estilo 6

- Eres leal contigo mismo y con los demás, en vez de ser leal a tus productos. «Sé fiel a ti mismo».
- Eres tan digno de confianza como competente. Esta combinación te convierte en un buen líder.
- Si crees en algo, le eres fiel, aunque ese «algo» no reciba el aplauso social ni sea popular. Si vale la pena hacer algo, lo haces, aunque fracases.
- Puedes salir de dudas. Ya no tienes por qué ser competente en todo.
- Cooperas con los demás, en vez de competir con ellos. Confías en que los demás pueden hacer las cosas bien.

Un cambio hacia el lado inferior del estilo 6

- Puede que te vuelvas aún más obediente a las expectativas externas y que te ajustes más a ellas.
- Podrías convertirte aún más en un hombre o mujer de empresa.
- Puede que te pierdas en alguna figura de autoridad o gurú.
- Podrías sentir miedo y pánico, mientras te relajas y regresas a ti mismo.

Estilo 4

La persona original

Descriptores positivos de tu estilo. Eres una persona…

sensible	con clase
original	creativa
intensa	refinada
que haces las cosas bellas	intuitiva
comprometida	nostálgica
cariñosa	estética
de buen gusto	cultivada
diferente	expresiva
con sentimientos	que busca
de calidad	

Descriptores negativos de tu estilo. Eres una persona…

especial	esnob
con altibajos	excéntrica
distante	quejumbrosa
dramática	controladora
exagerada	que demanda atención
posesiva	de emociones cambiantes
quejica	huraña
de las que no hay	elitista
muy nerviosa	excesivamente sensible
pegajosa	incomprendida

Tendencias de valores nucleares positivos

Eres sumamente individualista y valoras la *originalidad.* Pones tu toque personal en todo en lo que haces.

Como un poeta, tienes la habilidad de convertir lo ordinario en extraordinario. Puedes tomar algo usual y convertirlo en especial, del mismo modo que una ostra transforma un grano de arena en una perla.

Valoras y aprecias la *belleza.* Quieres hacer del mundo un lugar bello. Tienes un sentido estético muy desarrollado.

Tienes un sentido innato para la calidad. Tienes buen gusto y clase.

Tienes muy desarrollada la creatividad y la imaginación. Favoreces los canales de expresión creativos.

Dispones de una grandísima intuición. Estás en contacto con tu propio inconsciente y con el inconsciente colectivo.

Los límites de tu yo son fluidos, de modo que puedes empatizar con las experiencias de los demás y comprenderlos.

Exhibes una gran sintonía con los sentimientos, los estados de ánimo, el humor y el espíritu colectivos.

Eres sensible ante los sentimientos de fragilidad, el dolor, la pérdida y la pena.

Tienes un intenso sentido del drama y de la tragedia de la vida.

Tienes una fuerte resonancia emocional y una intensa capacidad de respuesta ante la vida.

Tiendes al romanticismo, la poesía y la nostalgia.

Te sientes realizado e íntegro en el presente.

Características nucleares distorsionadas

Puedes identificarte en exceso con la *imagen idealizada de ti mismo* de ser alguien *especial* y *único,* hasta el punto de que puedes convertirte en una caricatura excéntrica de originalidad.

Crees que tienes que ser único, original, diferente, pues de otro modo no serás nadie. Tu identidad y valía dependen de que seas *especial.*

Puedes convertirte en un esteta y cultivar artificialmente una sensibilidad artística, y hacer un culto del arte y la belleza para escapar de la vida mundana.

Puedes llegar a despreciar a los demás por su mal gusto, y puedes llegar a calificarlos de horteras.

Crees que eres tan sensible y que tu experiencia es tan profunda que las palabras, por sí solas, no pueden alcanzar a expresarlo.

Sueles sentirte incomprendido, porque nadie experimenta las cosas de una forma tan profunda como tú lo haces.

Los límites de tu yo pueden ser excesivamente permeables, de tal modo que cargas con los sentimientos de los demás y pierdes el contacto con los tuyos propios y con el sentido de ti mismo.

Puedes llegar a sentirte abrumado por tus sentimientos y los de los demás, y no eres capaz de desprenderte y distanciarte de ellos.

Eres proclive a la melancolía. Crees que tu sufrimiento te hace especial.

Tus reacciones pueden ser excesivas, hasta el punto de dramatizar. El drama te genera emoción, disuelve el aburrimiento y te ayuda a generar cierta sensación de ser especial.

Tus intensas emociones pueden hacer que los demás se aparten asustados. «Siento, luego existo».

Puede que vivas más en tus fantasías románticas que en la vida real.

Te fijas en las carencias del presente; puedes sentir nostalgia por el paraíso perdido en el pasado y anhelas la realización plena en el futuro.

Paradigma objetivo: *Originalidad*
Esquema cognitivo adaptativo:
Estás en contacto con tu verdadero yo y te sientes íntegro y completo. Crees que ya eres original.

Te sientes conectado contigo mismo, con tus raíces y con los cimientos de tu ser. Te sientes como en casa.

Paradigma distorsionador: *Especialidad*
Esquema cognitivo desadaptativo:
Te sientes triste porque te has desgajado de tu naturaleza esencial. Tienes la sensación de que te falta algo, de que careces de autenticidad,

que vives en la desorientación. Crees que tienes que hacer algo para hacerte especial.

Te sientes abandonado, como si te hubieran dejado atrás. Te ves como un aristócrata en el exilio, aparte del resto. Si te conviertes en alguien especial, entonces puede que los demás se acuerden de ti y te quieran.

Virtud: *Ecuanimidad*
Esquema emocional adaptativo:
En estos momentos tienes todo cuanto necesitas para ser perfectamente feliz. Te valoras a ti mismo y valoras la singularidad de tus talentos.

Das una respuesta equilibrada y apropiada ante estímulos internos y externos.

Pasión: *Envidia*
Esquema emocional desadaptativo:
Envidias a aquellas personas que parecen tener algo de lo que tú careces. Envidias las relaciones de los demás, su felicidad y su naturalidad.

Tienes altibajos exagerados y dramáticos en tu estado de ánimo.

Área de evitación: *Vulgaridad*
Temes lo común y vulgar. Si eres vulgar, ya no eres nadie. Lo vulgar es aburrido, y tú quieres ser emocionante. Para existir, necesitas sobresalir por encima de la multitud.

Mecanismo de defensa: *Introyección*
En lugar de afligirte simplemente, dejar ir el pasado y seguir adelante con tu vida, llevas tu sufrimiento y tu pérdida contigo, en tu interior. Esta melancolía es una acompañante familiar y te hace sentir especial. El anhelo y la nostalgia están permanentemente en el trasfondo de tu experiencia.

Cómo se desarrolló la distorsión de este estilo
- En un principio, te sentías cerca de un progenitor fuerte (normalmente, el padre), pero de pronto se fue de tu lado (quizás porque falleció, o porque tus progenitores se divorciaron, o porque estaba muy ocupado con el trabajo, o porque nació una hermana o her-

mano, o porque el progenitor se distanció debido a algún otro motivo emocional).

- Sentiste que te habían abandonado, y pensaste que el fallo había sido tuyo, que te faltaba algo; pues, de otro modo, no te habrían abandonado.
- Entonces intentaste convertirte en una persona especial, tan especial que aquel progenitor pudiera verte y quererte. Llegaste a creer que si eras especial, la gente te prestaría atención y no te abandonaría.
- Tu sentido de la tragedia, de la pérdida y del sufrimiento pueden proceder de alguna experiencia de abandono en la infancia.
- Tus cambios de humor podrían provenir de la alternancia en la disponibilidad de ese progenitor, si estaba disponible o no para ti, o de haber sido incluso cruel. Cuando el progenitor estaba ahí, te sentías bien contigo mismo y te venías arriba. Cuando el progenitor no estaba ahí, te sentías mal contigo mismo y te venías abajo.
- Te sentiste expulsado del jardín del amor y ahora anhelas ser readmitido.
- Recibías atenciones si estabas enfermo o estabas sufriendo; de otro modo, pasabas desapercibido.
- Obtenías atenciones y afirmabas tu identidad simplemente por vivir en los límites, en los extremos.
- Llegaste a creer que ser ordinario o tranquilo significaba no ser nadie, o ser aburrido.
- Te sentías vivo, sobre todo, cuando te obligabas a sentir intensamente.
- Vivir intensamente o vivir en tu mundo romántico te hace sentir más especial e importante que vivir en el mundo tal cual es.
- Descubriste que podías competir con éxito en el terreno del estilo y la elegancia.

Lo que te pierdes como consecuencia de la distorsión de tu estilo

- La expresión espontánea de tus pensamientos y sentimientos.
- Un estilo de vida equilibrado y modulado.
- Intimidad, estar cerca de los demás sin temor al abandono.
- Sentirte realizado y satisfecho con quién eres y con lo que tienes.

- El sentido de estar en conexión merced a la humanidad común, de ser parte de un todo, en lugar de una isla.
- Tener realmente lo que quieres, en vez de anhelarlo.

Cambios de paradigma que puedes experimentar bajo condiciones de estrés

Un cambio hacia el lado inferior de tu propio estilo
- Puedes llegar a canalizar los sentimientos hacia tu organismo y enfermar físicamente, en vez de permitir que tus sentimientos se carguen de energía y dirijan tus acciones.
- Tus cambios de humor pueden irse a los extremos, con los puntos bajos haciéndose aún más bajos y los puntos altos mucho más altos.
- En vez de ser asertivo y expresar tu ira limpiamente, puedes convertirte bien en una persona pasivo-agresiva, y sufrir, quejarte y culpabilizar más, o bien convertirte en una persona agresiva, rencorosa y vengativa.
- Si empeoran tus sentimientos con respecto a ti mismo o consideras que es culpa tuya que las cosas no sean como a ti te hubiera gustado, es posible que aparezcan ideas y sentimientos suicidas. El suicidio puede tener diversas funciones: te hace especial; detiene el sufrimiento; lo puedes vivir como un desquite, pensando que entonces se van a dar cuenta de lo que te han hecho y de lo mucho que te van a echar de menos.
- Podrías alejarte de la gente y aislarte aún más.
- Puede hacer que te sumerjas en el trabajo y te vuelvas hiperactivo para no tener que abordar tus verdaderos problemas.

Un cambio hacia lado inferior del estilo 2
- Quizás evites abordar tus propias necesidades y deseos para atender más las necesidades de los demás. En vez de ser sensible hacia ti mismo, te vuelves sensible hacia los demás.
- Podrías emprender una huida, dedicándote al servicio de los demás en vez de sanarte a ti mismo.
- Puede que reprimas tus sentimientos, en vez de expresarlos directamente.

- Puedes hacerte más manipulativo, en vez de pedir directamente lo que quieres o de emprender la acción para conseguir lo que quieres.
- Tus problemas en lo relativo a la dependencia y la independencia pueden llegar a exagerarse. Podría incrementarse tu posesividad con otra persona o tu distanciamiento de ella.
- Puede que digas: «¿Para qué todo esto? Soy un caso perdido, de modo que me dedicaré a ayudar a los demás».
- Podrías convertirte en un servidor sufriente, un mártir, una víctima de sacrificio.

Un cambio hacia el lado superior del estilo 2
- Podrías entregarte al cuidado genuino y al servicio de las personas, saliendo así de la absorción en ti mismo.
- Puedes empatizar adecuadamente con los demás.
- Puedes acercarte a los demás del mismo modo que puedes alejarte de ellos.

Cambios de paradigma que puedes experimentar bajo condiciones relajadas

Un cambio hacia el lado superior de tu propio estilo
- Te percatas de que ya eres original. No tienes por qué ser excéntrico ni por qué hacerte especial. Buscas y encuentras lo amado dentro de ti, en vez de fuera de ti.
- Puedes dejarte llevar por la espontaneidad y dejarte ir, en vez de mantener la compostura.
- Puedes encontrar lo extraordinario en lo ordinario.
- Aceptas tu singular parcela de talentos y no te comparas con los demás. Haces uso de la envidia para que te ayude a localizar y apreciar los valores que hay en los demás y para encontrar esos valores en ti mismo.
- Prestas atención a tus verdaderos sentimientos, en vez de a esos sentimientos exagerados que vienen de la excitación de tus estados de ánimo. Pasas desde la adicción al romance y la fantasía a la acción en la vida real.

- Permaneces en el aquí y ahora, y te das cuenta de que en estos mismos momentos dispones de cuanto necesitas para ser feliz.

Un cambio hacia el lado superior del estilo 1

- Adoptas un enfoque orientado a la acción y centrado en el problema. Piensas en lo que puedes hacer con el problema en vez de lamentarte de tu suerte. Pasas desde una postura de víctima pasiva a una de agente activo. Y no sólo te limitas a sentir anhelo, sino que haces algo. Pones tu espectáculo en carretera, en vez de pasarte la vida ensayando.
- Te centras en un sentimiento cada vez. ¿Qué sientes ahora? ¿Y qué quieres hacer con eso? Especificas y te resistes a toda generalización o dramatización. Te aferras a los hechos.
- Mantienes el sentido de la proporción, el equilibrio y la ecuanimidad. No exageras tu respuesta ni intensificas los estímulos. Haces exactamente lo que la situación devuelve. Haces tu trabajo objetivamente.
- Puedes decir: «Soy bueno» o «Soy lo suficientemente bueno», en vez de «No soy lo suficientemente bueno». Te reapropias de tu fuerza, tu bondad y tu totalidad.
- Puedes ponerte en contacto con tu ira, enfocarla y utilizarla para conseguir lo que quieres, en vez de volverla contra ti mismo, estar deprimido y creer que no mereces o no puedes conseguir lo que deseas. Pides directamente lo que quieres y declaras tus necesidades directamente.
- Te percatas de que «realista» no significa necesariamente «vulgar».
- Puedes comprometerte a estar en el mundo, aunque sea defectuoso y poco satisfactorio. Aportas en aquello en lo que crees.

Un cambio hacia el lado inferior del estilo 1

- Puedes sumirte en el trabajo y caer en la hiperactividad.
- Puedes caer en el mesianismo con tus fantasías, y puedes involucrarte emocionalmente en exceso con tus principios idealistas. «*¡Tengo* que hacer el trabajo de mi vida!*».
- Puedes volverte excesivamente crítico en tus relaciones.

Estilo 5
La persona sabia

Descriptores positivos de tu estilo. Eres una persona…

pensativa

estudiosa

reflexiva

buscadora de la verdad

prudente

observadora

ingeniosa

con sentido

razonable

lógica

circunspecta

clara

comprensiva

no intrusiva

filosófica

perceptiva

tranquila

informada

analizadora/sintetizadora

Descriptores negativos de tu estilo. Eres una persona…

que operas en soledad

tacaña

demasiado distante

insensible

poco cariñosa

que evitas comprometerte

fría

excesivamente mental

que pospone emprender la acción

despectiva

solitaria

abstracta

intelectual

poco comunicativa

codiciosa

oculta

acaparadora

que aprende por observación

que se reprime

que teme los sentimientos

Tendencias de valores nucleares positivos

Valoras y sientes atracción por la *sabiduría,* el conocimiento, la comprensión. Para ti, el *intelecto* es la facultad más elevada de una persona. «Pienso, luego existo».

Tus pasiones son las de la mente.

Eres una persona que busca la verdad y que quieres descubrir lo que realmente hay.

Eres un pensador perceptivo, perspicaz y original.

Tienes la habilidad de observar de un modo objetivo y desapasionado.

Se te da bien hacer abstracciones, sintetizar e integrar diferentes puntos de vista y elementos dispares.

Ofreces testimonios justos y no enjuiciadores.

Se te da bien escuchar a los demás. Eres amable y paciente, y la gente no se siente amenazada en tu compañía.

Tienes la habilidad de llegar a la esencia o núcleo de cualquier asunto.

Puedes mirar a través de los detalles superfluos para llegar a las estructuras básicas.

Puedes hacer declaraciones limpias, claras y concisas sobre de qué va realmente un asunto.

Valoras la soledad.

Eres independiente y dispones de multitud de recursos.

Eres una persona reservada, respetuosa y no intrusiva.

Características nucleares distorsionadas

Puedes identificarte en exceso con la *imagen idealizada de ti mismo* de ser una persona *sabia* y *perceptiva.* Vives demasiado en tu cabeza, y te olvidas de que también tienes sentimientos y un cuerpo.

Puedes ser demasiado intelectual, y es posible que temas perder el contacto con tus sentimientos.

Puedes llegar a ser excesivamente analítico y escéptico. Tu cuestionamiento puede llevarte a no actuar.

Podrías no estar dispuesto a tomar en consideración las ideas y puntos de vista de los demás.

Puedes quedarte en los márgenes en una posición de observador, y no participar en la vida.

Puede que no contribuyas demasiado en las conversaciones y que dejes que los que hablen sean los demás.

Puedes reducir la vida a unos meros huesos descarnados (imágenes de rayos X) y perderte los aspectos más jugosos y sabrosos de la existencia.

Puedes ser rácano en tus comunicaciones. Hablas con epigramas o frases cortas y no estás dispuesto a explicar lo que has dicho.

Puedes caer en la adicción a la privacidad, pues tienes una exagerada necesidad de espacio y anonimato.

Puedes ser una persona solitaria que quiere hacerlo todo a partir de sus propios recursos.

Has desarrollado en exceso la tendencia a *alejarte* de la gente. Y te resulta difícil dar un paso adelante, tanto en el afecto como en la auto-afirmación.

Paradigma objetivo: *Comprensión/Transparencia*
Esquema cognitivo adaptativo:
Tu sabiduría y comprensión provienen de tu experiencia, participación e implicación. Sabes con tu cuerpo-sentimientos-mente.

Compartes tu vida interior para enriquecer el mundo. Das gratuitamente lo que has recibido gratuitamente.

Paradigma distorsionador: *Intelectualización/Anonimato*
Esquema cognitivo desadaptativo:
Tu conocimiento proviene casi exclusivamente de tus percepciones y observaciones y del intelecto. Sabes a través de tu cabeza o por experiencia vicaria (observacional).

Buscas el anonimato, ocultarte y observar. Quieres ver, pero que no te vean.

Virtud: *Desapego*

Esquema emocional adaptativo:

Posees el espíritu de quien no se aferra. Tomas lo que necesitas y dejas ir el resto.

Das respuestas equilibradas y apropiadas ante los estímulos internos y externos.

Pasión: *Avaricia*

Esquema emocional desadaptativo:

Eres codicioso. Para evitar la sensación interna de vacío o para no sentirte dependiente de los demás, te llenas de información y materiales que almacenas en tu interior.

Acaparas información y te aferras a lo que tienes y sabes. Eres rácano con tu tiempo, tus posesiones, tus ideas, tus sentimientos y tu yo.

Área de evitación: *Vacío*

Dado que reprimes tus sentimientos y minimizas tus interacciones íntimas con los demás, puedes experimentar una sensación de vacío interior. Quizás creas que no tienes nada que ofrecer. Buscas el significado de la vida, pero también temes que los demás te vacíen, y de ahí que te apartes y te aferres.

Mecanismo de defensa: *Aislamiento*

Para evitar el sentimiento de vacío, te aíslas en tu cabeza de los sentimientos y de la gente. Te vas con tus pensamientos, donde te sientes pleno y cómodo. También te aíslas o compartimentas un momento o período de la vida del siguiente.

Cómo se desarrolló la distorsión de este estilo

- Quizás experimentaras una separación temprana de tu madre, de tal manera que no llegara a desarrollarse el vínculo inicial con ella y te recluyeras en ti mismo.
- Asociaste a tu madre o a tu padre (y, de ahí, el mundo) con la privación y la negación, de ahí que te volvieras tú también privativo, tanto hacia los demás como contigo mismo.

- Quizás experimentaras a tus progenitores como excesivamente intrusivos, de ahí que te retiraras para proteger tus límites.
- Puede que te hayas sentido sobreprotegido, asfixiado o engullido, de manera que te refugiaste en tu mente o en los libros.
- Descubriste que el mejor ataque era una buena defensa.
- Encontraste que ser invisible era una buena manera de sobrevivir, pues es difícil apuntar a un blanco que no puedes ver.
- Nadie te va a poder culpar por lo que nunca dijiste. Si la gente no sabe qué estás pensando, no van a poder criticarte.
- No te sentías escuchado, de modo que no hablabas, a menos que estuvieras seguro de que la gente quería escucharte.
- Se te daban bien los estudios, y se te recompensaba por ser una persona estudiosa.
- Tu mundo interior se volvió más seguro, más controlable y más interesante que el mundo exterior.
- La expresión de los sentimientos –especialmente de ira o cualquier otro sentimiento exuberante– no se estimulaba en la familia.

Lo que te pierdes como consecuencia de la distorsión de tu estilo

- Los deleites de ser una persona sensual y corpórea.
- La alegría y la satisfacción de dar.
- El significado que proviene de implicarse y sumergirse en la vida.
- Las profundas satisfacciones de las relaciones personales íntimas y mutuas.
- La diversión y la emoción de participar en el juego, en vez de mantenerte en los márgenes.
- La experiencia de ser una parte de la humanidad (en vez de estar aparte de ella), con una clara sensación de conexión y pertenencia.
- La experiencia de la confianza y la cooperación, en vez de intentar hacerlo todo tú mismo.
- La energía, la vitalidad y el poder de tus propias emociones, que son tus aliadas, no tus enemigas.
- La confianza en ti mismo.

Cambios de paradigma que puedes experimentar bajo condiciones de estrés

Un cambio hacia el lado inferior de tu propio estilo

- En vez de salir para establecer contacto con la gente, sea mediante el afecto o afirmándote a ti mismo, quizás te retires más y te vuelvas más callado.
- Podrías sentirte más inadecuado y llegar a pensar que eres incapaz de influir en la situación, de manera que quizás no hagas nada.
- Quizás reprimas tus sentimientos más o los canalices en fantasías, en vez de en comportamientos.
- Puede que retrocedas más y te subas a tu torre de control en la cabeza, en lugar de bajar para conectar con tus sentimientos y tu cuerpo, para luego salir fuera e interactuar.
- En vez de expresar tus necesidades y negociar, agarras el balón y te vas a casa, negándote a jugar, creyendo que con el mundo no se puede negociar.
- Quizás te aferres a tu ira y seas frío como el hielo. Podrías dedicarte a dejar helada a la gente, en lugar de entablar un diálogo con ellos o invitarlos a entrar.
- Puedes llegar a despreciar a los demás en lugar de interactuar con ellos. Es posible que te vuelvas crítico y cínico como forma de evitar el contacto.
- Es posible que desenchufes, desconectes y te sientas más alienado y aislado.

Un cambio hacia el lado inferior del estilo 7

- Podría suceder que te sumerjas más en tu cabeza, y que lo intelectualices, sistematices y espiritualices todo con el fin de evitar actuar.
- Puedes recurrir al humor para aligerar la situación y hacerla parecer menos importante, con el fin de no afirmarte en ti mismo.
- Puede que tu miedo a sufrir o a que te hagan daño te lleve a evitar a la gente y a replegarte.
- Puede que te pongas a planear lo que harás la próxima vez en lugar de hacer algo esta vez.

- Puede que busques lo bueno de una situación para no tener que dar voz a tu malestar con algo que te ha disgustado.
- Es posible que renuncies a tu capacidad de análisis y desistas de profundizar en el asunto en cuestión. Puede que te distraigas con diversiones superficiales o persigas diversos intereses a la vez, en lugar de llevar a término uno. Podrías volverte voluble y poco fiable.

Un cambio hacia el lado superior del estilo 7
- Tus capacidades de imaginación y visualización pueden potenciarse.
- Puedes recurrir al humor para acercarte a las personas y mostrarte más sociable y amigable.
- Eres más espontáneo y recurres al juego como forma de suavizar los encuentros sociales.

Cambios de paradigma que puedes experimentar bajo condiciones relajadas

Un cambio hacia el lado superior de tu propio estilo
- Te apropias de tus poderes de relación. Te acercas a los demás, los proteges, los enriqueces y engrandeces en lugar de defenderte de ellos o retraerte.
- Empatizas en la misma medida en la que analizas; escuchas tanto con el corazón como con la cabeza. Aplicas tus conocimientos, en vez de guardarlos para ti.
- Entras en contacto con tus sentimientos, sobre todo con los de dolor y los de ira. Dejas que te carguen de energía y que expresen tu verdadero yo.
- Te permites ser transparente. Sales a la luz, en vez de intentar ser invisible. Te das a conocer y te dejas ver. Cuestionas tu adicción al aislamiento y la privacidad, y te desprendes de ellos.
- Cuestionas con éxito tu temor a parecer tonto y a cometer errores. No dejas que te impidan hacer lo que quieres hacer. No es necesario que lo sepas todo antes de tomar una decisión y actuar.
- Puedes llegar vacío ante cualquier persona o situación, sin ideas preconcebidas, sin categorías ni estructuras. Estás abierto a lo que

se presente y confías en tu respuesta espontánea. Confías en tus percepciones internas, en tus intuiciones y sentimientos.

- Permaneces en tu sensación de vacío, en vez de intentar evitarla o llenarte de algún modo. Quizás descubras que se trata de un vacío fértil, un contenedor que está siempre abierto al aquí y ahora.

Un cambio hacia el lado superior del estilo 8

- Estás en contacto con tu poder personal. Puedes cambiar la situación e influir en ella. Tienes algo que ofrecer. Estás en contacto con tu autoridad interior y te afirmas en aquello en lo que crees. Puedes decirte: «Dispongo de poder; puedo hacerlo».
- Puedes apropiarte de tus poderes asertivos. Puedes hacer frente. Puedes decir lo que quieres y lo que no quieres. Puedes pedir lo que necesitas. Equilibras las entradas con las salidas. Sales afuera, en vez de retirarte.
- Consultas con tu cuerpo, con tus instintos, tu corazón y tus sentimientos tanto como con tu cabeza. Estás en contacto con tu energía instintiva.
- Te mueves «hacia abajo y hacia afuera», en vez de «hacia arriba y alejarte»: bajas a tus sentimientos y a tus reacciones instintivas y sales a la acción; en vez de subir a tus pensamientos y alejarte de la situación. Te sitúas fuera, en el mundo.
- Utilizas tu poder y tu afirmación de ti mismo para establecer y mantener unos límites más fuertes. Puedes poner límites, en vez de retirarte. Permaneces en la arena y no sales corriendo ante la primera señal de dolor o de oposición.

Un cambio hacia el lado inferior del estilo 8

- Puedes recurrir a la agresividad, en vez de a la asertividad. Puedes caer en la mezquindad y la crueldad, y utilizar tu poder para agarrarte, aguantar y seguir racaneando, en lugar de mostrar tu magnanimidad y generosidad.
- Quizás exageres tu independencia y aislamiento, y te hagas más antisocial.
- Puedes caer en el rencor, con una pizca de pensamiento paranoide.

Estilo 6

La persona leal

Descriptores positivos de tu estilo. Eres una persona…

cauta

fiable

tradicional

temerosa de Dios

respetuosa

leal

responsable

digna de confianza

sensible

decidida

preparada

escrupulosa

que estabiliza

encantadora

prudente

honorable

tenaz

abogada del diablo

consciente de la autoridad

Descriptores negativos de tu estilo. Eres una persona…

dogmática

suspicaz

rígida

estirada

que sólo ves catástrofes

autoritaria

fóbica/contrafóbica

tímida

que supones lo peor

indecisa

desconfiada

conservadora

justiciera

que sigue las reglas o las cuestiona

ansiosa

de *status quo*

preocupada

insegura

que necesita directrices

consciente de la seguridad

Tendencias de valores nucleares positivos

Valoras y sientes atracción por la *lealtad.* Respetas tus compromisos.

Cuando das tu palabra, la mantienes. Si dices que vas a hacer algo, lo haces.

Eres fiel en tus relaciones. Eres un amable anfitrión o anfitriona. Proteges mucho a quienes están bajo tu cuidado. Eres leal y te consagras a tu causa y a tu grupo.

Eres capaz de promocionar, apoyar y apadrinar a otras personas.

Eres un devoto seguidor o líder. Eres responsable y se puede contar contigo para que hagas lo que se te dice o lo que prometes.

Tienes una actitud equilibrada hacia la autoridad externa, al tiempo que confías en tu propia autoridad interna.

Respetas la ley y el orden.

Agradeces el legado recibido y respetas tu pasado.

Eres prudente y cauto.

Tienes un claro sentido de la propiedad. Eres respetuoso y reverente con los demás.

Eres una persona cooperativa.

Eres *semper fidelis:* siempre fiel y constante.

Eres *semper paratus:* estás siempre preparado y dispuesto ante una crisis.

Puedes sentir atracción por las exploraciones y las aventuras.

Características nucleares distorsionadas

Puedes identificarte en exceso con la *imagen idealizada de ti mismo* de ser *leal* y de *cumplir con tus deberes.*

Puedes caer en la rigidez y ser inflexible. Te puede resultar difícil reconsiderar tus lealtades o cambiarlas.

Puedes polarizar la realidad y tus relaciones entre amigos y enemigos, dentro o fuera, conmigo o contra mí. Y, al tiempo que aceptas a los que están dentro, puedes dedicarte a perseguir a los que están fuera de tu redil.

Puedes llegar a ser sobreprotector, asfixiante y restrictivo.

Puedes volverte autoritario o antiautoritario. Puedes poner tu fe y tu devoción de forma ciega o aferrarte a un ideal equivocado.

Puedes ser o bien excesivamente temeroso y dependiente de las autoridades, o bien excesivamente desafiante con ellas, para comprobar si merecen su autoridad y tu lealtad.

Puedes llegar a exagerar tu aprecio por la estructura y el orden en un estado policial paranoide.

Puedes ser excesivamente cauto y difundir el miedo y la alarma. «Ten cuidado o te harán daño».

Puedes ser estirado, serio y servil, y reprimes tu espontaneidad.

Puedes ser excesivamente complaciente o rebelde.

Puedes ser ultraortodoxo y conservador.

Eres cauteloso, temeroso y te preocupas. No tienes nada que temer salvo al propio miedo.

Puede que creas que necesitas probarte a ti mismo por tu audacia o tu deber.

Paradigma objetivo: *Fe*
Esquema cognitivo adaptativo:
Tienes fe en un mundo equilibrado y confiable. Crees que el universo está ahí para hacerte el bien, no para hacerte daño.

Crees que ya estás conectado con la base de tu ser y que éste confía en ti. Crees que la fuerza está contigo.

Estás en contacto con tu propia esencia, espíritu y autoridad, y con el yo genuino de los demás, lo cual te tranquiliza.

Paradigma distorsionador: *Duda/Dogma*
Esquema cognitivo desadaptativo:
Percibes el mundo como algo extraño, hostil, amenazador y peligroso, lo cual alimenta el miedo y la suspicacia en ti.

Crees que la fuerza está en tu contra, o que al menos te está poniendo a prueba para ver si eres fiel y aceptable. Ofreces automáticamente tu lealtad a la autoridad o dudas de la autoridad y de ti mismo.

Estás en contacto con tu juez y tu crítico interno, y también con el de los demás, lo cual te pone nervioso y te causa temor.

Virtud: *Coraje*

Esquema emocional adaptativo:

Tu fortaleza proviene de estar en armonía con tu yo interior y con las leyes objetivas del universo.

Eres valiente de forma natural cuando necesitas serlo. Respondes espontáneamente bien en las crisis.

Encuentras la motivación en el corazón y en lo que genuinamente crees.

Pasión: *Miedo*

Esquema emocional desadaptativo:

El miedo te desconecta de tu yo real y del mundo real, por lo que necesitas crear una fuerza y una valentía sustitutivas.

Puedes volverte *contrafóbico*, al superar imprudentemente tus miedos y obligarte a hacer lo que temes, o *fóbico*, al morir mil muertes a causa de tu cobardía y preocupación.

Te dejas llevar por el miedo y la duda.

Área de evitación: *Anormalidad*

Si eres temeroso, buscarás ser leal y obediente, y considerarás cualquier desobediencia, rebelión o el mero hecho de seguir tu propia autoridad interna como una desviación o anormalidad, algo ilegítimo e inaceptable.

Si eres contratemeroso, te volverás rebelde e intentarás desafiar a la autoridad, evadirte o escapar de ella.

Mecanismo de defensa: *Proyección*

Tú proyectas en los demás tu propio sentido de desobediencia y rebelión. Son *otras personas* las que intentan salirse con la suya, y tú tienes que controlar sus actividades y hacerles cumplir tus principios de autoridad, o de lo contrario intentarán ponerte la zancadilla y atraparte.

Cómo se desarrolló la distorsión de este estilo

- Tus progenitores quizás fueran autoritarios. Establecían las reglas y tú tenías que seguirlas
- Tenías que complacer a tus progenitores y hacer lo que te decían, en vez de prestar atención a lo que tú querías, pensabas o sentías.

- Tus progenitores pueden haber sido sobreprotectores, y mantuvieron una actitud temerosa ante la vida que posiblemente tú adoptaste de ellos.
- Aprendiste que el mundo era un lugar peligroso del que había que protegerse.
- Quizás hubiera algún secreto familiar que había que guardar, de ahí que se establecieran fronteras entre dentro y fuera, los que estaban en el secreto y los que no. Los vínculos familiares y la lealtad crearon un muro frente al mundo exterior.
- Encontrabas seguridad estando cerca de la autoridad.
- Decidiste rebelarte contra la autoridad como forma de sobrevivir, dado que las personas que ejercían la autoridad en tu vida abusaron de ella y no podías confiar en ellas.
- Llegaste a creer que si mantenías la ley, la ley cuidaría de ti.
- Conseguías la aprobación de los demás siendo responsable, obediente y esforzado.
- Tuviste que asumir el papel de un adulto antes de estar preparado para ello; quizás, incluso, te convertiste en la persona que cuidaba de la familia.
- Te sentías incompetente porque no estabas preparado para interpretar el papel de un adulto y comenzaste a dudar de ti.
- O bien tuviste un progenitor incompetente, de modo que comenzaste a dudar de la autoridad.

Lo que te pierdes como consecuencia de la distorsión de tu estilo

- El sentido de seguridad interior.
- Ser capaz de hacer lo que quieres, en vez de lo que debes.
- Una actitud relajada hacia ti mismo, hacia los demás, hacia la vida y hacia un posible poder superior.
- Un enfoque amable de la vida.
- Vivir despreocupadamente.
- Orientarse hacia el interior en lugar de hacia el exterior.
- Confiar en ti mismo y en los demás.
- La libertad de los hijos de Dios: la libertad de la ley, en vez de la esclavitud y la idolatría de la ley; la ley es para ti, y no viceversa.

Cambios de paradigma que puedes experimentar
bajo condiciones de estrés

Un cambio hacia el lado inferior de tu propio estilo
- Puedes volverte más indeciso y preocupado.
- A medida que te vuelves más temeroso, puede incrementarse tu preocupación acerca de si serás lo suficientemente valiente como para hacer lo que se exige de ti. Puedes creer que tienes que probarte a ti mismo aún más.
- Puedes volverte más suspicaz.
- Podrías volverte más dogmático e inamovible en tus creencias, y ser más intolerante con los puntos de vista de los demás.
- Podrías confiar menos en tu autoridad interior.
- Puedes actuar contra la autoridad, haciéndote más rebelde y beligerante.

Un cambio hacia el lado inferior del estilo 3
- En vez de relajarte, puede que te aceleres y que te ocupes en más cosas.
- En vez de abordar tus problemas interiores, podrías distraerte con asuntos externos y asumir más proyectos.
- No sólo podrías correr en círculos dentro de tu cabeza con tus obsesiones y preocupaciones, sino que puedes activar tus engranajes y literalmente correr en círculos en una actividad frenética, con el fin de no tener que lidiar con tus problemas internos, o bien para demostrar tu valía y obtener la aprobación de la autoridad o de los demás.
- Puede que intentes reemplazar la seguridad interior que buscas realmente por algún papel externo.
- Quizás comiences a engañarte a ti mismo y a los demás en lo relativo a quién eres realmente, lo que de verdad piensas o sientes, y lo que realmente quieres.
- Quizás huyas de cualquier cosa que pueda parecer un pensamiento rebelde o independiente, y también puede que comiences a evitar cualquier forma de fracaso. Como consecuencia de ello, perderás cada vez más libertad, tanto interior como exterior.

- Puede que intentes complacer a la autoridad y te ganes su simpatía mediante el trabajo duro, siendo fiel, haciendo lo que se te dice, poniendo tu parte, etc.

Un cambio hacia el lado superior del estilo 3
- Entras en contacto con tu capacidad para emprender la acción. Te sientes mejor cuando actúas.
- Conectas con tus propias competencias y dominios para ser proactivo, en vez de reactivo.
- Puedes canalizar tu energía en objetivos y planes concretos, en vez de canalizarla en miedos y en los peores de los escenarios. Te enfocas en lo que puedes hacer, en vez en lo que podrías hacer mal.

Cambios de paradigma que puedes experimentar bajo condiciones relajadas

Un cambio hacia el lado superior de tu propio estilo
- Confías en tus propios instintos, puntos de vista y autoridad interior. Te vuelves más autónomo, en vez de ser dependiente de las opiniones de los demás, sobre todo de los dictámenes de la autoridad. Te sientes seguro dentro de ti mismo, en vez de buscar la seguridad fuera de ti. Desarrollas una creencia realista en ti mismo y en tus capacidades. Puedes afirmarte a ti mismo.
- Desarrollas el coraje de ser. Aceptas la responsabilidad de tus decisiones y actúas con valentía. Confías en tu brújula interior y tus deseos. Crees que lo que realmente quieres es lo que Dios quiere de ti.
- Confías en que los demás no están intentando salirse con la suya. Crees que intentan hacer las cosas lo mejor que pueden. No proyectas intenciones hostiles sobre los demás.
- Reconoces que las reglas están ahí por tu bien y que no tienes por qué esclavizarte ante ellas. Sigues el espíritu de la ley, en vez de la letra de la ley.
- Te percatas de que eres ya parte de la operación u organización, que estás ya en el juego, de modo que no tienes que demostrar tu valía para entrar y no tienes que preocuparte de que te expulsen.

- Puedes tomar en consideración los resultados positivos, así como los negativos. Tus antiguas inclinaciones te llevaban a tomar en consideración lo que pudiera ir mal y lo que te impedía actuar. Tú eras tu peor enemigo. Ahora puedes pensar en lo que podría ir bien para motivarte a la acción.
- Confías en tu capacidad instintiva para la protección y la preservación, tanto la tuya propia como la de los demás. Te percatas de que nada puede dañar tu esencia. Puedes enfrentarte a tus temores (¿son realistas o no?).

Un cambio hacia el lado superior del estilo 9
- Te tranquilizas y te calmas. Puedes decirte a ti mismo: «Estoy tranquilo», en vez de «Estoy molesto».
- Puedes estar tranquilo y en silencio. Te percatas de que la solución se halla en tu interior. Calmas las aguas y dejas que la solución emerja.
- En vez de hacer una montaña de un grano de arena, haces granos de arena de las montañas. Puedes decir, «¿A qué tanto alboroto?», en vez de hacer un problema de todo.
- Tienes una mentalidad relajada: «Y qué si hago esto o pienso aquello», en vez de la mentalidad temerosa e indecisa de «¿Qué pasa si hago esto o aquello?». Puedes dejarte llevar por el flujo y confías en el proceso.
- Puedes relajarte y flotar, y dejar que la corriente te sustente. Te percatas de que esforzarse no es la solución.
- Puedes encontrar la verdad en todos los aspectos de un problema, en vez de polarizar el problema y convertir uno de sus aspectos en la verdad absoluta y el otro en la mentira absoluta.

Un cambio hacia el lado inferior del estilo 9
- Puedes volverte aún más dubitativo, rumiante e indeciso.
- Es posible que te encuentres posponiendo las cosas y haciendo cosas sin importancia para distraerte y no hacer lo que realmente necesitas hacer. Puede que te resulte difícil priorizar y discernir lo que realmente deseas.
- Puedes insensibilizarte o entrar en una rutina a través de la cual evites situaciones que te provocan ansiedad.

Estilo 7

La persona alegre

Descriptores positivos de tu estilo. Eres una persona…

desenfadada	extravertida
optimista	excitable
amistosa	agradecida
entusiasta	amante de la diversión
creativa	divertida
visionaria	entretenida
sociable	animada
imaginativa	planificadora
alegre	brillante
jovial	espontánea

Descriptores negativos de tu estilo. Eres una persona…

superficial	inconsistente
locuaz	poco fiable
narcisista	soñadora
cósmica	que acapara la atención
abstraída	sibarita
distraída	dispersa
indulgente	poco realista
poco seria	escapista
impulsiva	ingenua
irresponsable	diletante

Tendencias de valores nucleares positivos

Para ti, el propósito de la vida es *disfrutarla*. Valoras la *alegría*. Hay una chispa de deleite y alegría de vivir en ti.

Eres una persona que celebra la vida.

Valoras enormemente la vida. Lo ves todo como un regalo.

Tienes una sensibilidad infantil ante el mundo. Estás en contacto con la inmediatez de las cosas.

Abogas por el crecimiento, la esperanza y la resurrección inmediata.

Tienes una visión de la vida optimista. Eres capaz de ver la luz en medio de las sombras. «Dos prisioneros miraban al exterior desde detrás de los barrotes de la ventana; uno vio el lodo de la calle, el otro vio las estrellas».

Dispones de una imaginación creativa y eres una fuente de nuevas ideas.

Eres animado, vivaz y colorido.

Exhibes simpatía y un profundo sentido sociable, y se te da bien alentar a la gente.

Eres un animador y un narrador de historias natural.

Eres un visionario, un planificador a largo plazo.

Puedes generar infinitas posibilidades. Eres una persona intuitiva.

Características nucleares distorsionadas

Puedes identificarte en exceso con la *imagen idealizada de ti mismo* de *estar bien*. Puedes exagerar el principio del placer y llegar a estar demasiado apegado al placer.

Puedes generar una adicción a los subidones.

Puede que no estés dispuesto a esforzarte y trabajar duro para conseguir lo que quieres.

Tras el entusiasmo inicial con un proyecto, puede que te vengas abajo al ver lo aburrido que es el trabajo que se va a precisar para llevarlo a cabo. La semilla brotó de inmediato, pero se agostó porque no echó raíces.

Puede que te fijes sólo en la emoción, los fuegos artificiales, el consuelo y la alegría, y que olvides que el crecimiento también se produce en el silencio oscuro y frío.

Tu computadora está configurada en «buen rollo» y no permite la entrada de nada que no lo sea. Puede que seas un optimista compulsivo, que ve el mundo con unas gafas de color rosa.

Puedes confundir tu mapa y tu plan con la realidad y la acción.

Puede que no estés dispuesto a mirar el lado oscuro del dolor y el sufrimiento.

Tus relaciones pueden seguir siendo superficiales.

Puede que vivas más las historias que cuentas de tu vida que tu propia vida.

Puede que hagas viajes mentales en lugar de hacer un trabajo serio.

Puedes convertirte en un diletante y saltar de un interés a otro sin digerir nada a fondo o sin completar ningún proyecto.

Paradigma objetivo: *Trabajo*
Esquema cognitivo adaptativo:
Cuando vives en contacto con tu verdadero yo, vives también de acuerdo con el plan cósmico o el esquema divino de las cosas. Comprendes que cada persona tiene un papel que cumplir en la evolución de la humanidad.

El trabajo se puede convertir en un juego cuando haces lo que te encanta hacer.

Paradigma distorsionador: *Placer/Planificación*
Esquema cognitivo desadaptativo:
Si pierdes el contacto con tu yo real y vives de tu personalidad, no vas a participar del esquema más grande de las cosas. Sustituyes tus propios planes y buscas el placer en lugar de satisfacciones más profundas.

Piensas que si no es divertido, no vale la pena hacerlo, y no perseveras demasiado tiempo.

Virtud: *Sobriedad*
Esquema emocional adaptativo:
Sobriedad significa vivir en el presente y vivir una vida equilibrada, tomando sólo aquello que necesitas y empleando sólo tanta energía como se necesite realmente.

Pasión: *Gula*
Esquema emocional desadaptativo:
Gula significa indulgencia excesiva, planificar acontecimientos futuros divertidos y condimentar la vida con diversión y cosas banales.

Área de evitación: *Dolor y sufrimiento*
Dado que quieres que se te vea bien, que se te vea feliz, cualquier forma de dolor te resulta incómoda e inaceptable. Puede que no estés en contacto con el dolor en tu vida, o que, si eres consciente de él, no quieras mostrarte así ante los demás, dado que tu tarea es animar a la gente, no agobiarla con tus problemas.

Mecanismo de defensa: *Sublimación*
Para mantener el dolor fuera de tu conciencia, lo sublimas y lo conviertes en algo interesante o bueno. Buscas automáticamente lo bueno en todo, por lo que podrías hasta celebrar la nueva vida de una persona querida fallecida en vez de hacer el duelo por su pérdida.

Cómo se desarrolló la distorsión de este estilo
- Descubriste que una disposición alegre y agradable te granjeaba la aprobación de los demás y te permitía obtener lo que necesitabas.
- Aprendiste que tus sonrisas provocaban más sonrisas en los demás.
- Se te recompensó por animar a la familia, por no quejarte, y por tomarte las cosas a la ligera.
- Entreteniendo a los demás y siendo el centro de la fiesta obtenías atención.
- La gente puede haber escuchado más tus relatos que a tu verdadero yo, o pueden haberse mostrado más interesados en tus relatos que en tu pena o tu dolor.
- Disfrutabas más planificando proyectos que ejecutándolos.

- Tuviste una infancia básicamente feliz o, al menos, terminó siendo feliz o la recuerdas como una infancia feliz.
- Aun en el caso de que sufrieras adversidades en tu infancia, aprendiste a reírte de ellas para sobrevivir.
- Quizás se te protegiera de la pena y el dolor, o no los experimentaras demasiado, y de ahí que no aprendieras a gestionarlos, salvo evitándolos.
- Quizás aprendieras que lo que no ves no puede hacerte daño.

Lo que te pierdes como consecuencia de la distorsión de tu estilo

- La sensación de fuerza y la satisfacción interior que proviene de esforzarse en algo y conseguirlo.
- Un carácter profundo labrado a base de perseverancia, sufrimiento y resistencia.
- Experimentar todo el rango de las emociones, tanto las negativas como las positivas.
- Encontrarte con tu Sombra y descubrir sus riquezas.
- La serenidad de la soledad, el silencio y la quietud interior.
- La experiencia del crecimiento en la desolación.
- No tener miedo a la oscuridad.
- Comprender algo en profundidad.
- Unas relaciones interpersonales profundas, basadas en compartir todo lo que hay en ti, y no sólo los aspectos brillantes y luminosos.

Cambios de paradigma que puedes experimentar bajo condiciones de estrés

Un cambio hacia el lado inferior de tu propio estilo

- Es posible que te metas más en la cabeza, que intelectualices, espiritualices y sublimes más.
- Es posible que te dediques más a planificar cosas que luego dejes sin hacer. Puede que evites el trabajo duro para entregarte a hacer planes de futuro.
- Puede que intentes evitar el dolor actual imaginando placeres futuros o pasados.

Quizás intentes tomarte las cosas aún más a la ligera, reírte de todo y no tomarte en serio.

Puede que sigas intentando escapar de tus miedos, buscando más desfiles que dirigir o a los que unirte.

Un cambio hacia el lado inferior del estilo 1

- Puedes caer en la ira y el resentimiento porque tu vida no sea tan agradable como te gustaría, porque tus alegres expectativas no se están cumpliendo.
- Puede que expreses tu cólera a través de sarcasmos o críticas, o bien a través del resentimiento y obsesionándote con que la vida no es justa; o, al menos, no lo suficientemente divertida.
- Quizás te quejes y culpes a los demás por echarte a perder el desfile, por arruinar tu diversión, por reventar tus burbujas. Piensas que los demás te impiden realizar tus fantásticos planes.
- Quizás desistas en tu aprecio natural por la vida y en tu capacidad espontánea para encontrar lo bueno en todas las cosas, y te tornes una persona crítica y cáustica contigo misma y con los demás. Quizás comiences a tomar conciencia de lo que falta, en vez de lo que queda.
- Si caes demasiado en la crítica o la decepción, podrías terminar deprimiéndote.
- Puede que cedas en tu optimismo y te hundas en el pesimismo, aunque, probablemente, no por mucho tiempo.
- Quizás dejes finalmente de intentar aparentar que estás bien. Quizás dejes de sonreír.
- Puede que evites y niegues tu ira, al tiempo que evitas el dolor y el sufrimiento.

Un cambio hacia el lado superior del estilo 1

- Puede que te disciplines y te centres más, y que sigas tus planes y proyectos hasta completarlos.
- En vez de hacer lo que te resulta agradable, puede que encuentres la motivación para hacer lo que hay que hacer o lo que sientes que estás llamado a hacer.

- Adoptas un punto de vista más objetivo, en lugar de la habitual visión fantástica e impresionista.
- Prestas atención a los detalles y te preocupas por las cosas pequeñas, en lugar de perderte en impresiones globales y cósmicas.

Cambios de paradigma que puedes experimentar bajo condiciones relajadas

Un cambio hacia el lado superior de tu propio estilo
- Puede que estés más presente en todo lo que se despliega ante ti: lo bueno y lo malo, lo placentero y lo doloroso, la luz y la oscuridad, el yin y el yang. La verdad supone respetar ambas polaridades.
- Puedes adoptar una actitud sobria. No tienes miedo de tomarte en serio las cosas, e incluso a ti mismo. Y, aunque se te hace pesado, sabes que no te vas a estrellar.
- Confías en que, aunque te sueltes de las alas y los globos, no caerás en la tumba, y que, aunque así fuera, seguirías pensando que la desolación y la oscuridad pueden fomentar tu crecimiento.
- Haces lo que merece la pena hacer. Te das cuenta de que la felicidad es contingente con el hecho de hacer tu parte en las tareas sociales y personales.
- Puedes permanecer en el aquí y ahora, y resistirte a proyectarte hacia el futuro. Haces lo que estás haciendo, en lugar de hacer planes para el futuro.
- Crees que tus ideas son lo suficientemente importantes como para esforzarse en hacerlas realidad.
- Permaneces en el dolor en vez de intentar evitarlo, racionalizarlo, sublimarlo, etc.
- En lugar de tomarte a la ligera una situación, puedes expresar tu cólera y ser asertivo.

Un cambio hacia el lado superior del estilo 5
- Puedes decirte: «Soy sabio y perceptivo», en lugar de «Soy volátil y despistado».
- Puedes canalizar tus energías y mantener la concentración, en vez de dispersarte y perder el rumbo.

- Estás en lo que estás haciendo y lo investigas a fondo hasta que lo comprendes realmente.
- Masticas y digieres, en lugar de tragártelo todo indiscriminadamente.
- Sitúas tus chispazos creativos e intuiciones dentro de un sistema y una estructura. Adoptas una actitud escrupulosa y metódica, que te lleva a dar el siguiente paso: la acción.
- Aprendes a valorar el silencio y la soledad.
- Puedes adoptar una actitud tranquila y observadora, situándote en la posición del testigo justo, del observador desapegado.
- Observas, en vez de reaccionar. Desarrollas tu interioridad.
- Practicas el desapego. Puedes dar un paso atrás ante lo que sucede, en lugar de perderte en ello.

Un cambio hacia el lado inferior del estilo 5
- Puedes retirarte e intentar desaparecer.
- Puedes agravar tu glotonería cayendo en la avaricia y el anhelo por acumular aún más posesiones y experiencias.
- Puede que te desconectes más de la realidad y que te aferres más a tus fantasías e ideas.

Estilo 8
La persona poderosa

Descriptores positivos de tu estilo. Eres una persona...

enérgica	magnánima
fuerte	de fuerte voluntad
directa	que no se anda con tonterías
asertiva	que toma las riendas
muy suya	justa
autónoma	recta
influyente	honorable
esforzada	intrépida
de elevada energía	segura
confiada	competente

Descriptores negativos de tu estilo. Eres una persona...

vengativa	abusona
poco refinada	insensible
machista	que no escucha
bravucona	despiadada
que se toma la revancha	dura
posesiva	dominante
avasalladora	beligerante
intimidadora	dictatorial
ruidosa	pendenciera
bronca	conflictiva

Tendencias de valores nucleares positivos

Valoras el *poder* y sientes atracción por él. Sabes cómo conseguirlo, conservarlo y utilizarlo.

Utilizas tu influencia para traer cosas buenas.

Eres un líder fuerte, como una matriarca o un patriarca.

Confías en ti mismo, estás seguro de ti y tienes una saludable imagen de ti mismo.

Disfrutas de independencia y autonomía. Valoras ser quien eres.

Puedes exhibir tu magnanimidad y utilizar tu poder personal para construir comunidad y aportar a la sociedad.

Eres capaz de inspirar a los demás para lograr grandes cosas.

Eres directo, sincero y dices las cosas como son.

Puedes ser una persona carismática e inspiradora.

Eres capaz de apartar las falsedades y las tonterías para llegar al núcleo del problema. Eres de quienes dicen «¡Basta de tonterías!».

Los retos te cargan de energía, y puedes hacerte cargo de situaciones difíciles.

Eres una persona asertiva y práctica a la hora de conseguir lo que quieres.

Te preocupas por los desvalidos y estás dispuesto a luchar por ellos.

Haces todo con gusto, entusiasmo y mucha energía.

Características nucleares distorsionadas

Puedes identificarte en exceso con la *imagen idealizada de ti mismo* de ser *poderoso y capaz*. Puedes caer en una adicción al poder y al control, y utilizarlos para manipular a los demás.

Utilizas tu poder para protegerte a ti mismo, en vez de para ayudar a los demás.

Puedes convertirte en un dictador, un abusador, un padrino o una madrina.

Tu presencia puede ser dominante e intimidatoria.

Puedes exhibir una exagerada independencia y sentirte orgulloso de hacer lo que quieres.

Puedes llegar a engreírte y a utilizar tu poder contra la sociedad.

Puedes coaccionar a los demás haciéndoles una oferta que no puedan rechazar. Influyes a través de la intimidación.

Puedes ser excesivamente contundente y tosco.

Puedes ser insensible ante las defensas y vulnerabilidades de los demás a la hora de desenmascarar sus pretensiones.

Puedes pisotear a los demás o alienarlos al asumir el control.

Puedes caer en la agresividad. Te haces oír porque gritas más que nadie.

A menudo eres el mandamás y te permites el lujo de oprimir a los demás.

Puedes intimidar e hipnotizar a los demás para que te sigan.

Puedes sentir el impulso de utilizar a la gente a tu antojo.

Paradigma objetivo: *Justicia*
Esquema cognitivo adaptativo:
Valoras la justicia y la equidad. Crees en la distribución igualitaria del poder.

Confías en la justicia del universo. Crees que lo que va vuelve. «La venganza es mía, dice el Señor».

Paradigma distorsionador: *Vindicación*
Esquema cognitivo desadaptativo:
Crees en el «ojo por ojo y diente por diente». La justicia se convierte en venganza, en revancha, para mantener el equilibrio de poder.

Juzgas que lo que está ocurriendo no es justo, de ahí que necesites crear tu propia verdad y tomarte la justicia por tu mano. «La venganza es mía, dice el Ocho».

Virtud: *Inocencia*
Esquema emocional adaptativo:
Posees una inocencia infantil. Eres capaz de vivir cada instante como algo nuevo, sin expectativas ni prejuicios.

Inocencia significa no dañar. Tienes la actitud de: «¿Por qué iba yo a querer hacer daño a nadie y por qué iba nadie a querer hacerme daño a mí?».

Te satisface la vida tal cual es.

Pasión: *Lujuria*

Esquema emocional desadaptativo:

Ante cualquier situación llegas irritado, esperando problemas o que se aprovechen de ti, de ahí que estés preparado siempre para el conflicto.

Te han agredido en el pasado, de ahí que pienses que es mejor pegar antes de que te peguen.

Te posee la lujuria, lo cual significa que lo haces todo con *exceso*. Puedes ser posesivo, acaparador y exigente.

Área de evitación: *Debilidad*

El hecho de que sientas que debes parecer fuerte hace que evites cualquier semblanza de debilidad. Eres ajeno a tu lado femenino. Evitas la ternura, la compasión, la amabilidad, etc., como algo inapropiado en una persona poderosa.

Mecanismo de defensa: *Negación*

Para prevenir la aparición de debilidad alguna en tu conciencia o *persona,* niegas cualquier debilidad. «Yo no hago daño», «No soy amable», «No soy un sentimental», «No te necesito», etc.

Cómo se desarrolló la distorsión de este estilo

- Quizás sufrieras abusos en la infancia, de ahí que adoptaras una actitud dura y agresiva para protegerte.
- Quizás presenciaste una considerable cantidad de peleas y de agresiones en tu familia.
- Tuviste que crecer rápido y adoptar una actitud dura para cuidar de ti.
- Aprendiste que podías salirte con la tuya desafiando a los demás o abusando de ellos.
- Te dijeron que tenías que defenderte y que no aceptaras insultos ni injusticias.
- Quizás aprendieras que, en tu familia, uno no se enfada, simplemente se toma la revancha.
- Quizás te sintieras víctima de injusticias, por lo que creciste culpando al mundo.
- Aprendiste a no darle nunca a un tonto un trato equitativo.

- Aprendiste que, si querías sobrevivir, no debías mostrar nunca signo alguno de debilidad.
- Dado que el mundo parecía ser arbitrario o injusto, aprendiste a marcar tus propias reglas y a seguirlas.
- Te diste cuenta de que disponías de mucha energía y contundencia, de que podías hacerte cargo de las cosas y de que disfrutabas siendo poderoso.
- Si una situación parecía amenazadora o se descontrolaba, te sentías más seguro tomando el control.

Lo que te pierdes como consecuencia de la distorsión de tu estilo

- Ser confortado por otra persona y ser alcanzado por su afecto.
- Que alguien te defienda.
- Vivir tu propia ternura, suavidad y amabilidad.
- El perdón y la compasión.
- Ser capaz de vivir con la debilidad, en vez de tener que negarla siempre.
- La experiencia de reverencia y respeto por todas las criaturas, en vez de utilizarlas.
- Permitirte dejar la guardia baja y ser vulnerable.
- La capacidad para relajarse para estar presente.
- Experimentar la bondad y la buena voluntad de los demás, en lugar de anticipar siempre afrentas.

Cambios de paradigma que puedes experimentar bajo condiciones de estrés

Un cambio hacia el lado inferior de tu propio estilo

- Podrías intentar cuidar de ti mismo siendo más agresivo y duro. Envías tu ira hacia el exterior primero para encubrir el dolor, la tristeza o la decepción que puedes estar sintiendo en realidad.
- Quizás te vuelvas más intenso, acaparador, ávido y posesivo para intentar llenar el vacío interior.
- Quizás intentes tomar más control y asumir más poder para sentirte seguro.

Un cambio hacia el lado inferior del estilo 5

- Quizás renuncies a tu propio poder y te retires. Quizás te alejes de la gente, en lugar de acercarte a ella.
- Quizás te vuelvas silencioso y quieras ser tú mismo. Quizás te aísles de los demás.
- Quizás dirijas tu poder sobre ti mismo y te hagas daño por tu supuesta debilidad o por las injusticias que creas haber cometido.
- En vez de explotar, implotas tu energía y la absorbes en tu interior.
- Como consecuencia de la implosión, quizás experimentes unos sentimientos exagerados de muerte y vacío.
- Quizás te metas tú solo en un agujero negro, para luego albergar ideas suicidas o desesperarte más, en tus intentos por evitar ese vacío interior viviendo intensamente.
- Quizás rompas el contacto con los demás, en vez de establecer contacto con ellos.
- No dejas que los demás te apoyen o consuelen.
- Puede que exageres el ser independiente y el estar solo, convirtiéndote así en el Llanero Solitario (o la Llanera Solitaria).
- Podrías volverte demasiado racional y utilizar tu intelecto para defenderte, para culpar a los demás o planear la revancha.
- Quizás te sientas inadecuado o incapaz de influir en la situación.
- Quizás comiences a desconfiar de tus instintos.
- Puede que comiences a pensar y a observar más, en lugar de hacer.

Un cambio hacia el lado superior del estilo 5

- Piensas antes de actuar. Puedes pensar las cosas antes de actuar impulsivamente.
- Puedes pensar con claridad y desapasionadamente, en vez de con ideas preconcebidas, prejuicios y estereotipos.
- Conectas la cabeza, las tripas y el corazón y estás genuinamente presente, desde la espontaneidad y la compasión, en lugar de estar interiormente desconectado y sentirte aislado, violento o castigado.
- Aprecias el conocimiento y lo buscas por sí mismo, en vez de como una manera de tener poder sobre los demás.

Cambios de paradigma que puedes experimentar bajo condiciones relajadas

Un cambio hacia el lado superior de tu propio estilo

- Dejas que otros se pronuncien en favor de ti, en lugar de hacerlo tú siempre por ellos.
- Puedes compartir tus aspectos más vulnerables con los demás y permites que conozcan a tu niño pequeño y asustado. Dejas que los demás te apoyen.
- Te diriges hacia la interdependencia, en lugar de seguir en tu extrema autosuficiencia y miedo a la dependencia.
- Confías en las motivaciones de los demás, en vez de cuestionarlas y de intentar desenmascarar sus motivaciones e intenciones ocultas.
- Respetas los derechos de los demás tanto como exiges que se respeten los tuyos.
- Dices la verdad de una manera que los demás puedan asimilarla, en lugar de forzarlos a tragársela.
- Asumes una actitud inocente: ¿por qué iba nadie a querer hacerte daño? ¿Y por qué ibas a querer tú hacer daño a nadie?
- Te enfrentas a cada momento y a cada situación como si fueran nuevos, sin expectativas de resultar herido o de que se aprovechen de ti, y sin recuerdos de errores y afrentas del pasado. Llegas con las manos abiertas, en lugar de con los puños cerrados.
- Confías en que se hará justicia sin tener que intervenir o sin tener que vengarte. Te das cuenta de que traer justicia e igualdad es algo que no sólo depende de ti.

Un cambio hacia el lado superior del estilo 2

- Puede que sientas compasión por ti mismo y por los demás, mientras atemperas tu sentido de la justicia con la misericordia.
- Puedes decir: «Ayudo a los demás; doy a los demás». Estás dando, en lugar de acaparar.
- Utilizas tu poder para levantar a los demás y reforzarlos, en vez de derribarlos.
- Muestras empatía y sensibilidad hacia tus propias necesidades y hacia las necesidades y los sentimientos de los demás.

- Estás en contacto con tu lado amable y tierno. No existe nada más fuerte que la verdadera amabilidad, y nada más amable que la verdadera fuerza. Te vuelves blando, en vez de duro; tierno, en vez de severo.
- Te diriges hacia los demás, en vez de contra ellos. Te resistes a recurrir a la violencia y la venganza.

Un cambio hacia el lado inferior del estilo 2
- Quizás busques que las personas dependan de ti para que den fe de tu fuerza.
- Quizás manipules o intimides a los demás para que necesiten tus servicios, a la manera de la mafia, con el fin de reforzar tu posición.
- Recurres a la posición de un padrino o una madrina para tu propia exaltación, en vez de por el bien de la comunidad.

Estilo 9

La persona tranquila

Descriptores positivos de tu estilo. Eres una persona…

paciente

poco ostentosa

diplomática

discreta

tranquilizadora

modesta

objetiva

imperturbable

estable

cómoda

receptiva

consentidora

permisiva

tranquila

armónica

calmada

que deja hacer

de trato fácil

pegada al suelo

con pocas expectativas

Descriptores negativos de tu estilo. Eres una persona…

que pospone las cosas

confusa

indecisa

de escasa energía

distraída

que reprime la ira

aburrida

tediosa

que no se compromete

negligente

excesivamente adaptable

indolente

pasivo-agresiva

desapegada

que no reacciona

olvidadiza

apaciguadora

irreflexiva

obstinada

con escasa discriminación

Tendencias de valores nucleares positivos

Valoras la *paz,* que es la tranquilidad que te proporciona el orden.

Aprecias y tienes un sentido intuitivo para la armonía, para que las cosas encajen.

Se te da bien la diplomacia, pues eres capaz de reconciliar fuerzas opuestas y puedes ver los dos lados de un problema.

Tienes un enfoque ante la vida basado en el consentimiento, en el dejar hacer, que hace que las personas y los acontecimientos se desarrollen a su manera y a su ritmo.

Eres de trato fácil, y das a los demás espacio y libertad para que tomen las riendas si así lo desean.

Posees una presencia calmante y tranquilizadora.

No enjuicias, sino que aceptas, eres imparcial y escuchas con atención.

Puedes ser consciente de los matices de cada instante y estar atento a ellos.

Dispones de un marcado sentido de propósito.

Eres la sal de la tierra, una persona con los pies en el suelo, modesta y sin pretensiones. Eres ecuánime y no tienes ninguna necesidad de alardear.

Características nucleares distorsionadas

Puede que te identifiques en exceso con la *imagen idealizada de ti mismo* de ser una persona *estable* que evita cualquier tipo de conflicto.

Puedes exagerar los acuerdos. Experimentas ambivalencias sobre si estás de acuerdo o no con algo, si te conformas o no.

Te puede resultar difícil asumir una postura o elegir un bando. Puedes ser indeciso o no querer tomar decisión alguna.

Puedes asumir una postura pasiva hacia la vida y tomar el sendero de la menor resistencia. Puedes exhibir muy poca asertividad y disposición a intervenir en tu beneficio. Dejas que pase el tiempo antes de atender un asunto.

Puedes caer cautivo en el dilema de temer expresarte para no desagradar a los demás y arriesgarte a que te abandonen o sentir resentimiento contra ti mismo por abandonarte y no cubrir tus propias necesidades.

Puedes tocar el arpa mientras arde Roma y negarte a reconocer los verdaderos problemas.

Te identificas tanto con las posiciones de los demás que pierdes el contacto con tus propias opiniones y preferencias, y terminas por no expresarlas.

Tienes la tendencia a generalizar, homogeneizar y no reconocer las diferencias.

Prestas atención a los sentimientos de los demás, pero no a los tuyos propios. Puedes reprimir o adormecer tu cólera y expresarla de un modo pasivo-agresivo.

A veces crees que tú no tienes importancia y no marcas la diferencia.

Quizás carezcas de cierto sentido de autoestima y no te cuides física, emocional, socialmente, intelectual o espiritualmente.

Paradigma objetivo: *Amor*
Esquema cognitivo adaptativo:
Tienes la sensación de ser amado, de que eres una persona digna de amor y de que eres capaz de amar.

Estás genuinamente satisfecho contigo mismo y con la realidad tal cual es.

Paradigma distorsionador: *Resignación*
Esquema cognitivo desadaptativo:
Si te sientes privado de amor y de atenciones, te resignas y no te permites sentir o querer demasiado, no dejas que las circunstancias te superen y no haces una montaña de un grano de arena.

Puedes resignarte y aceptar cualquier cosa que se cruce en tu camino.

Virtud: *Acción*
Esquema emocional adaptativo:
El amor gusta de transmitirse a través de la acción. La gratitud por ser objeto de amor lleva a actuar espontáneamente por el bienestar de la persona amada. La acción es natural para el yo verdadero y opera para que se desarrolle ese yo.

Cuando estás en contacto con tu verdadero yo, sabes lo que necesitas y quieres, y sabes lo que necesitas hacer para conseguir lo que quieres.

La integración de tus sentimientos y pensamientos motiva y enfoca tu actividad.

Pasión: *Indolencia*
Esquema emocional desadaptativo:
Dudar de sí mismo y resignarse lleva a la indolencia y la desidia en lo relativo al crecimiento de uno mismo y de los demás. Las dilaciones, las indecisiones y la inacción surgen de la personalidad falsa, que bloquea la acción.

Si no te prestas atención y eres negligente contigo mismo, no sabes lo que necesitas y, por tanto, no actúas.

Quizás te distraigas y disperses tu actividad cuando tienes que hacer algo realmente importante para ti.

Área de evitación: *Conflicto*
Tu anhelo de estabilidad te lleva a evitar el conflicto o cualquier otra cosa que pueda disgustarte, de modo que pugnas por llegar a un acuerdo y por difuminar las diferencias. Echas aceite en aguas turbulentas. No oyes los chirridos, dado que quieres que todo discurra con suavidad.

Mecanismo de defensa: *Narcotización*
Para evitar los conflictos, adormeces tus sentimientos, querencias y preferencias. Haces de todo una misma cosa y no destacas nada. De una montaña haces un grano de arena.

Cómo se desarrolló la distorsión de este estilo
- No se te prestó suficiente atención en la infancia. Te sentiste desatendido y terminaste por desatenderte a ti mismo.
- En vez de llegar a la dolorosa conclusión de que no se te quería o de que, aparentemente, no importabas, adoptaste una postura menos dolorosa, de resignación, diciendo: «No importa. ¿Qué más da? ¿A qué tanto alboroto por nada? La vida es breve».
- Apagaste tu energía, redujiste tus expectativas y te resignaste mientras duró.

- Quizás creciste en un segundo plano, o quizás te sintieras ignorado o eclipsado por tus hermanos.
- No se te escuchaba, por lo que aprendiste a no escucharte a ti mismo. Aprendiste a no prestarte atención a ti mismo, a tus necesidades, tus preferencias y deseos, a tus sentimientos.
- Te viste atrapado en el dilema de enfrentarte a los demás y ser abandonado, o conformarte a ellos y ser controlado.
- Experimentaste un conflicto entre ser buena o mala persona, conformista o inconformista, estar de acuerdo o en desacuerdo.
- Tu solución consistió en no decidir. Aprendiste a posponer las cosas, a esperar y ver, a dejar que los acontecimientos siguieran su propio curso.
- Aprendiste a consolarte estableciendo una rutina y poniendo el piloto automático.
- Tus intentos por expresar tu cólera no tuvieron éxito, de modo que la reprimiste.

Lo que te pierdes como consecuencia de la distorsión de tu estilo

- La sensación de logro al conseguir hacer algo.
- La sensación de competencia y eficacia personal: «Puedo hacerlo».
- Sentirse amado y cuidado, al tiempo que amas y cuidas.
- La sensación de autoestima: «Realmente importo».
- La sensación de vitalidad.
- La excitación y el crecimiento que emanan del conflicto.
- La sensación de propósito y destino, de que tienes un lugar en el universo y un papel que interpretar en él.

Cambios de paradigma que puedes experimentar bajo condiciones de estrés

Un cambio hacia el lado inferior de tu propio estilo

- Quizás digas: «¿Para qué?», y te resignes aún más, te apagues más.
- Puede que evites confrontaciones y conflictos.
- Quizás te duermas, no te percates de nada y no escuches, en vez de abordar el problema.

- Puede que caigas en la obstinación, que te vuelvas inflexible.
- Se puede agravar la actitud de no adoptar una postura o de no plantear tu caso.
- En vez de organizarte, podrías desorganizarte aún más y llegar al punto de no ser capaz de actuar.
- Quizás caigas más en las dilaciones y demoras.
- Puede que te hagas más dependiente de los demás para que te cuiden.
- Puedes preocuparte en exceso con los detalles y no finalizar lo que sabes que hay que terminar.
- Quizás te distraigas yendo en pos de asuntos sin importancia, en vez de hacer lo que hay que hacer.
- Quizás te descubras durmiendo más o soñando despierto con frecuencia.

Un cambio hacia el lado inferior del estilo 6
- Puede que te sumerjas en preocupaciones, temores y rumiaciones.
- Puede que empieces a decir, «¿Y si…?», en lugar de tu habitual «¿Y qué si…?».
- Puede que empieces a hacer montañas de granos de arena.
- Puede que dudes de ti mismo y de tu propia autoridad interna, y que evites expresar tus necesidades y tus posturas.
- Quizás comiences a buscar la aprobación, la afirmación y la protección de alguna autoridad exterior.
- Quizás te vuelvas excesivamente responsable y dubitativo.
- Podrían asaltarte los escrúpulos y mostrarte excesivamente preocupado por guardar las reglas y el programa.
- Podrías dejar de estar relajado y volverte rígido y obsesivo.

Un cambio hacia el lado superior del estilo 6
- Puede que encuentres en ti el coraje para ser alguien y que adoptes una postura y plantees tu caso.
- Puede que superes tu miedo a ser rechazado o ignorado, descubras lo que realmente quieres hacer y actúes en función de esos deseos y preferencias personales.

Cambios de paradigma que puedes experimentar bajo condiciones relajadas

Un cambio hacia el lado superior de tu propio estilo

- Puedes centrarte y discernir, en lugar de distraerte y caer en la confusión.
- Eres diligente. Haces las cosas ya en lugar de posponerlas.
- Respondes de forma asertiva. Reivindicas tu propia postura, tus sentimientos o preferencias. Estás en contacto con tu ira y la utilizas para decirte lo que quieres y para conseguirlo.
- Confías en tu autoridad interior y te resistes a ir tras un gurú o cualquier otra fuente externa de energía y soluciones.
- Tomas conciencia de en qué ocasiones se te ha amado, se te ha tocado y cuidado, y dejas que tu gratitud natural te lleve a actuar.
- Eres consciente de tu verdadero yo, de tus sentimientos y deseos. Te resistes a adormecerte y a descuidar tus necesidades. Practicas la conciencia presente. Te acuerdas de ti mismo, en vez de estar en trance y olvidarte de quién eres y qué quieres.
- Cuidas mejor de tu bienestar espiritual interno y de tu bienestar físico exterior.
- No sustituyes cosas intrascendentes y no esenciales por lo que realmente necesitas y deseas.

Un cambio hacia el lado superior del estilo 3

- Puedes concentrarte y orientarte a objetivos, determinas qué quieres y lo consigues paso a paso.
- Te organizas y estructuras desde dentro, de manera que no necesitas confiar en la presión externa para seguir en marcha.
- No estás simplemente ahí, sino que actúas, emprendes la acción con el fin de provocar efectos en el mundo. Estás en contacto con tu yo más eficaz, con el agente activo que hay en ti, en vez de ser un receptor pasivo.
- Generas tu propia energía, en vez de drenar de energía a los demás.
- Te ves como una persona profesional, eficiente y competente.
- Puedes decirte: «Tengo éxito».

- Asumes la actitud de que eres importante, de que marcas la diferencia, en vez de tu actitud habitual de «No importa» o «Yo no importo».

Un cambio hacia el lado inferior del estilo 3

- Quizás te ocupes mucho en el trabajo como medida de distracción, o para no ocuparte en aquello en lo que realmente necesitas trabajar.
- Quizás aceptes demasiados proyectos para tener algo que hacer, en lugar de vivir intencionadamente tu propia vida.
- Quizás asumas un papel o una identidad corporativa y, con todo, no sepas quién eres.

Apéndice
Subtipos

Estilo uno: La persona buena

El subtipo de autopreservación

Cuando la ira se filtra y contamina el instinto de preservación de la vida, el resultado es un estado de **ansiedad** y **preocupación**. La ira se exterioriza a través de la agitación. Las personas uno del subtipo de autopreservación se preocupan por su supervivencia y su salud. Temen no ser perfectas o cometer errores que puedan poner en peligro su supervivencia. Piensan que, si no son perfectas, no van a ser aceptadas por los demás, las van a criticar y, con el tiempo, las van a rechazar.

Su propio crítico interior puede ser bastante dominante. Esa voz colérica las asusta y las sume en la ansiedad. Ese censor interno interrumpe con frecuencia sus secuencias de palabras o de pensamientos con objeciones, añadidos, clarificaciones, etc.

La ira y el resentimiento de los unos de autopreservación se congregan frecuentemente en torno a temas o problemas relacionados con la justicia. Por ejemplo, pueden lamentarse de lo injusto que es tener que trabajar tan duro y tener que superar tantos obstáculos, mientras sus vecinos lo tienen todo a mano sin merecerlo.

Los unos del subtipo de autopreservación se pueden confundir con los seises fóbicos, pues éstos también temen y se preocupan por lo que pueda ir mal. Sin embargo, los unos de autopreservación están más preocupados por no alcanzar los estándares de sus cánones *internos* de perfección, en tanto que los seises temen transgredir alguna regla o código *externo* de autoridad. También se los podría confundir con los treses de autopreservación, que lo que intentan es ser buenos modelos, modelos perfectos.

El subtipo social

Cuando la ira contamina el instinto de pertenencia y las relaciones sociales o colectivas, el resultado es la **falta de adaptabilidad**. Aquí la ira se expresa mediante creencias e ideales sociales rígidos e intransigentes. Aunque los unos sociales son de trato más fácil y expresan su energía de manera más moderada que los unos del subtipo íntimo, no por ello dejan de ser obcecados, y se niegan a reconsiderar las cosas en ciertos temas, normalmente en cuestiones morales. Dan la impresión de ser muy moralistas, insistiendo en que las cosas deben hacerse a su manera, adoptando posturas sobre su código moral porque creen que la razón está de su lado. Pueden ser también reformadores sociales, que pueden llegar a generar cambios en el sistema, en vez de conformarse con el código ético de la sociedad. Tienen dificultades para identificarse o llevarse bien con el sistema si consideran que éste no es moralmente correcto. Por ejemplo, Abraham Lincoln deseaba una nación unida, pero se arriesgó a una escisión porque no aceptaba la moralidad imperante en la época que aprobaba la esclavitud.

Los unos del subtipo social pueden formar colectivos con el fin de concienciar a la gente en sus puntos de vista, o pueden unirse a grupos de personas con mentalidad similar, como los de «Derecho de nacimiento» o los de «Libertad de elección». Los unos sociales se encuentran plenamente convencidos en ambos lados de cualquier controversia.

Las personas del subtipo social pueden confundirse ocasionalmente con los cincos cuando se distancian de sus «imperfectos» familiares o amigos.

El subtipo íntimo

La palabra que caracteriza las preocupaciones mentales, los vicios emocionales y los comportamientos reactivos de este subtipo es la de **celos**. Cuando el vicio de la ira contamina el impulso natural por la conexión, las relaciones íntimas y la expresión sexual, el resultado es la experiencia de los celos. La ira del ego se canaliza en celos, que se convierten así en la fuerza impulsora de la personalidad y en el asunto más apremiante. A los unos íntimos les preocupa que alguien más perfecto que ellos pueda llegar y llevarse a su pareja o amistad. Pueden llegar a ser hipercríticos con todo aquello que pueda interponerse entre ellos y su pareja, en tanto que ven a otras personas como rivales con las que hay que competir y de las que hay que defenderse.

Tales celos los pueden expresar también con respecto a las causas o los derechos de otras personas, si bien en este escenario los celos se convierten en fanatismo. Y la palabra que mejor describe este estado es la de **fervor**. Los unos del subtipo íntimo se toman con un intenso fervor las causas y las personas con las que se involucran, aparentan ser sumamente justas y abnegadas, y se implican en cruzadas y reformas sociales.

El subtipo íntimo es, normalmente, la expresión más clara de la exagerada energía del uno. Van a entrar en tu espacio para hacerte mejor, tanto si se lo pides como si no. Van a corregirte, a ponerte en forma y a convertirte en un ser humano decente, aunque eso les provoque la muerte o te mate a ti en el proceso. Las personas de este subtipo llevan a sus hijos a clases de ballet, de etiqueta, de gimnasia, etc., todo ello por el propio bien del niño o la niña. También es el tipo de cónyuge que lleva a su pareja a un asesor matrimonial o a un taller de comunicación «por el bien de la relación».

En resumen, es el *contratipo*. En tanto que otros unos tienden a ser más puritanos y contrarios a los instintos, la ira de los unos íntimos puede alimentar sus deseos y hacerles sentir que tienen derecho a hacer lo que estimen oportuno. En ocasiones, se los puede confundir también con el subtipo íntimo del estilo ocho.

Estilo dos: La persona cariñosa

El subtipo de autopreservación
Cuando el orgullo se entremezcla con el instinto de autopreservación, el resultado es la expectativa de **privilegio**. Se trata de la actitud de «yo primero». Este sentido de privilegio o importancia personal podría pa-

recer contradictorio y fuera de lugar entre los humildes doses, que se dedican a poner a los demás por delante de ellos. Ése es el motivo por el cual nos encontramos aquí con un *contratipo*. El espíritu aquí es que estas personas creen merecer ser primeras en nuestra vida debido a todo lo que han hecho por nosotros. Merecen tal estima y cariño porque se han entregado y han dado mucho, y sus sacrificios y aportaciones exigen una retribución.

Nos encontramos aquí en el lugar del orgullo. Por su manera de conducirse y su comportamiento «santo», y debido a que han ayudado a otras personas a lograr sus objetivos, se sienten con el derecho a ser tratados en primer lugar o, al menos, de forma preferencial. En tanto demuestren su importancia siendo los primeros en ayudar, uno estará obligado a aplaudir, dar su aprobación e invitarlos a ponerse al frente de la fila.

La variación sobre el tema del reconocimiento y la aceptación en este caso es que los doses que intentan preservar su Yo quieren ser el centro de la vida de alguien, en contraste con los doses sociales, que quieren ser además el centro de la atención del grupo.

Los doses de autopreservación son más ansiosos y tímidos que los otros subtipos. Los ayudantes o asistentes leales y esforzados (el poder detrás del trono) son, frecuentemente, doses de autopreservación. Se los puede confundir con los seises ayudantes leales que también trabajan duro, pero en tanto que el miedo y la seguridad son temas más alarmantes para los seises, la imagen y la atención preocupan más a los doses.

También podrían parecer cuatros anhelantes de amor.

En tanto que los doses íntimos pueden recurrir a su sexualidad para persuadir o coaccionar sexualmente a la otra persona para que les demuestren su amor, los doses de autopreservación resultan más inocentes e infantiles, y buscan más la afirmación del afecto que la validación sexual. Los doses de autopreservación pueden parecer «majos» y no demasiado adultos; los doses sociales parecen superadultos; y los doses íntimos parecen adultos seductores.

El subtipo social

Cuando el orgullo se combina con el instinto por las relaciones sociales y lo contamina, el resultado es la **ambición**. El significado original de ambición parecía guardar relación con la imagen de ir por ahí solicitando votos. Pero para los doses sociales significa ir por ahí solicitando la atención y la aprobación de los demás, pues les preocupa mucho su estatus y su imagen en el colectivo. El orgullo distorsiona el genuino interés humanitario de los doses.

Los doses sociales quieren estar cerca de personas con poder y prestigio (no necesariamente para irse a la cama con ellas), y quieren que se las vea con esas personas. Quieren ser importantes para los demás y, sobre todo, importantes para «personas poderosas».

El orgullo aquí es el querer ser alguien por una necesidad vital, y se sentirán tanto más importantes cuanto más los necesiten personas importantes. En su deseo de hacerse ver con personas de prestigio, los doses pueden ignorar a aquellas personas que no tienen suficiente estatus como para reafirmar su ego, de modo que, irónicamente, su compulsión los lleva a prescindir precisamente de aquellas personas que más atención pueden estar necesitando.

Los doses sociales pueden tener también la ambición de situarse en el trono. Pueden montar organizaciones de servicios con la esperanza de ser admirados y de que se les preste atención por sus valiosos servicios, y pueden pensar que merecen ser el centro de la atención del colectivo porque son maravillosos y generosos. Confunden el hacerse notar y ser admirados con ser amados.

Los doses sociales pueden confundirse con los ochos o los treses sociales debido a que consiguen hacer las cosas y a que aspiran a cargos de estatus e influencia.

Si los doses no persiguen sus propias ambiciones, puede que enganchen su carro a otras estrellas, viviendo sus ambiciones a través de sus parejas, hijos, empleados, estudiantes, etc.

Al igual que con otros subtipos sociales, la energía de los doses sociales es más moderada que la energía, más intensa, de los doses íntimos, pues tienden a ser menos agresivos, directos y obvios en sus intentos por involucrar a los demás en su estilo interpersonal.

El subtipo íntimo

Cuando la pasión del orgullo se filtra en la expresión pura de la sexualidad y el impulso de conexión y la contamina, la motivación compensadora o fuerza impulsora se convierte en **seducción sexual** en el caso del arquetipo femenino, y en **agresión sexual**, en su manifestación masculina. Ambas maniobras, que pueden ser empleadas tanto por hombres como por mujeres, expresan un fuerte deseo de conexión y de relación.

La *seducción* proviene del esquema desadaptativo de los doses, que creen que su valía se funda en el hecho de sentirse aceptados y amados desde el exterior. La seducción es una forma de persuasión, una manera de conseguir la aprobación y el afecto de otra persona. Con frecuencia, la expresión sexual radica en la unión sexual, a través de la cual se recibe tal aceptación, y la atracción sexual se toma erróneamente como confirmación de ser amado.

Los doses íntimos se hacen atractivos a los demás adaptándose a sus intereses y agendas, y sustentando la felicidad de éstos. Los doses se sienten orgullosos de estar en el rincón de otra persona, que no tarda en convertirse en su rincón.

El amor se ve como una resistencia a la fusión. Puede haber burlas y coqueteos asociados a este estilo y, a menudo, un deseo de contacto físico. Los doses íntimos pueden tocar ligeramente a otra persona en el brazo o en la mano para insinuarse o conectar con esa persona.

Pero, por desgracia, en cuanto la resistencia se funde, llega el aburrimiento. En la medida en que el yo verdadero no ha sido tocado, la personalidad se siente impulsada a reanudar la búsqueda con el fin de seducir a otras personas, en un intento por sentirse deseada y querida.

La *agresión* representa el intento directo por eliminar obstáculos en la relación, además de una evidente presión para establecer contacto. Los doses íntimos pueden elegir a personas que no están disponibles para hacer el juego más excitante y enmascarar su propio y paradójico miedo a la intimidad. Temen que si los demás sospechan que tienen necesidad de intimidad y que no la tienen integrada, la gente no quiera estar con ellos.

Pero, una vez más, en cuanto la conexión o conquista se realiza, el juego termina y sienten el impulso de poner en marcha otra búsqueda. La transacción se da al nivel de un juego social entre *personalidades* y no le proporciona al verdadero *yo* el sustento ni la satisfacción que se derivan de un contacto íntimo genuino entre el Yo y el Tú.

Si el poder es el afrodisíaco definitivo, el paradigma de los doses íntimos les permite detectar a las personas que tienen poder, a las cuales intentan seducir y con las cuales intentan conectar. Su orgullo les exige estar cerca del poder, cerca del trono.

De forma similar a la de los subtipos íntimos de otros estilos, la energía del dos es más evidente en este subtipo. Entran en tu espacio para ayudarte, aconsejarte y relacionarse íntimamente contigo, tanto si lo necesitas como si no. («¡Claro está que lo necesitas! ¡Sólo es que no te habías dado cuenta!»).

Los doses íntimos pueden confundirse con los cuatros íntimos, que satisfacen sus necesidades con el orgullo que les procura saber que su atractivo es capaz de conquistar a los demás.

Estilo tres: La persona eficaz

El subtipo de autopreservación

Cuando el engaño y la personalidad se ven envueltos en el área de la autopreservación, se busca la **seguridad** a través del dinero, de las posesiones materiales, del estatus y el éxito. Los treses creen erróneamente que sobrevivirán merced a los objetos que poseen; y si poseen las mejores marcas, sobrevivirán aún mejor. Aunque no lo estés haciendo bien, al menos parecerá que lo estás haciendo bien.

Si el dinero no puede comprar el amor, es posible que, al menos, pueda comprarte una identidad, un estatus y cierta seguridad. Para los treses, la valía personal y la aprobación de los demás proceden del trabajo y de los ingresos. Y cuando se quedan sin trabajo, literalmente lo pierden todo, incluido su yo, de ahí que los treses de autopreservación se esfuercen por tener seguridad en el empleo.

Además de parecer que trabajan duro, los treses de autopreservación quieren representar también el virtuoso modelo de cómo debería ser una persona. Quieren que se los vea como buenos. Pero, paradójicamente, quieren aparentar que no les preocupa su apariencia. Esto los convierte en el *contratipo*, pues caen en la vanidad al intentar no ser vanos. Se los puede confundir con el uno o el seis de autopreservación en el sentido en que son más ansiosos interiormente que los otros treses.

La inseguridad, no obstante, nunca tiene suficiente, y dado que una seguridad duradera sólo se puede encontrar en la propia esencia o yo verdadero y en las genuinas relaciones Yo-Tú, la personalidad no puede salir de terreno inestable, sintiéndose siempre insegura, porque su seguridad no es real, y tiene que seguir conservando su *mágico* trabajo, realizando un buen desempeño, incrementando los ingresos, adquiriendo y consumiendo bienes, perteneciendo a organizaciones de éxito, etc.

El subtipo social

Cuando el engaño contamina el instinto social, el profundo deseo de pertenencia interpersonal es reemplazado por la búsqueda de **prestigio**. La personalidad enmascara al verdadero yo, fabricando una imagen con la que el resto de las *personas*[5] puedan relacionarse. De este modo, una personalidad compite con otra personalidad, en lugar de encontrarse dos yoes genuinos en una relación Yo-Tú. El resultado es un *show* en lugar de compromiso. Lo que importa es hacer una buena interpretación de papeles sociales para conseguir la aprobación social. El estatus y el rango social, con sus honores y adhesiones, viene a reemplazar al sentido de valía interior perdido.

Los treses sociales son proclives a la vanidad, pues les preocupa lo que los demás piensen de ellos y buscan un público que les diga: «¡Qué bien lo haces!». Es importante tener las credenciales adecuadas, ser miembro del club apropiado, ser mencionado en las columnas sociales y relacionarse con gente prometedora. Los treses son expertos en adoptar la apariencia que el grupo desea. *Uno es tan bueno como aparenta serlo.*

Mientras que el anonimato puede ser algo muy apreciado desde el paradigma de los cincos, desde el mundo de los treses, el anonimato equivale a la muerte. Y, a diferencia de los doses, que cantan «No serás

---

5. Toda vez que aparezca en este libro la palabra «persona» en cursiva deberá entenderse que hace referencia al término persona desde la terminología empleada por Carl Gustav Jung, como el personaje que representamos socialmente y mediante el cual nos relacionamos con los demás. *(N. del T.).*

nadie en tanto no haya alguien que te ame», los treses cantan: «No serás nadie en tanto no haya alguien que te reconozca por la calle». *Soy visto, luego existo.*

Dado que son adeptos a detectar todo desarrollo novedoso, los treses sociales se convierten en creadores de tendencias al ponerse a la vanguardia de los movimientos populares.

Los treses sociales se pueden confundir en ocasiones con los sietes gregarios.

El subtipo íntimo

Cuando la pasión del engaño se filtra en el instinto sexual, el resultado es la preocupación por ofrecer una impresión sexualmente atractiva, en lugar de ser una persona genuinamente cariñosa y sexual. Los varones intentan ofrecer la imagen de lo que las expectativas culturales dominantes consideran que es **masculino**, en tanto que las mujeres quieren reflejar el estereotipo cultural actual de lo **femenino**. Pero los estilos cambian. En los últimos 50 años, en Estados Unidos, por ejemplo, las mujeres tuvieron que pasar de ser «pechugonas», como Marylin Monroe, a anoréxicas, como Twiggy, o atléticas, como Jane Fonda. Mientras tanto, los hombres tuvieron que ser románticos y locuaces, como Cary Grant, duros y callados, como Clint Eastwood, o musculosos y con serias dificultades para expresarse, como Sylvester Stallone.

El deseo de presentarse como la sociedad espera de uno es prominente en este subtipo. *Comportarse* de forma sexy y *parecer* viril o femenina puede reemplazar al *ser* realmente sexy y estar verdaderamente en contacto con la propia masculinidad o feminidad. Interpretar el papel de *gigolo* o *gigolette* sexual no es otra cosa que un intento de obtener la aprobación y de afirmarse uno a sí mismo. Los modelos de *Playboy* representan la imagen del hombre y la mujer perfectos.

Los treses pueden ser tan competitivos sexualmente como lo son en otras áreas de su vida. Tanto el disfrute de la sexualidad como el encontrar un significado más profundo en el sexo se convierten en algo secundario ante el deseo de parecer sexualmente atractivo, hasta el punto de que pueden parecer incluso el típico siete animador y entusiasta.

En el entorno de un enfoque cultural diferente, el tres íntimo puede aparentar ser la «esposa o ama de casa perfecta», o bien el «marido y sostén de la casa modelo». Si una sociedad más conservadora espera de ti que seas un caballero o una dama, entonces los treses interpretarán ese papel. Una cultura cristiana exige un semblante diferente de los que exigen las culturas de Hollywood o de Bollywood, por ejemplo. Así pues, la imagen que asumas o el papel que interpretes dependerá de en qué segmento de la sociedad habites.

En el mundo de los negocios, los treses íntimos se esfuerzan por ser el número uno, el mejor productor, el mejor competidor, el mejor lo que sea. Aparentar competencia y confianza son las claves del éxito.

Estilo cuatro: La persona original

El subtipo de autopreservación

Cuando la pasión de la envidia se filtra en el instinto de autopreservación, el resultado es un comportamiento **intrépido**, temerario y arriesgado.

Los cuatros de autopreservación intentan dominar sus temores y su depresión a través de la compulsión repetitiva de recrear, mediante sus imprudentes acciones, la posibilidad de pérdida. Al actuar impulsivamente sin tener en cuenta las consecuencias, se inundan de energía, flirteando al borde del desastre como un borracho en la cuerda floja, viviendo peligrosamente para conseguir cierta sensación de vitalidad o para llamar la atención. Más nerviosos que los otros cuatros, es probable que los cuatros de autopreservación salten desde el borde de un acantilado al escuchar un estampido.

Cuando quieren algo o a alguien, lo consiguen, se desprenden de ello y finalmente lo añoran, en un ciclo frustrante de deseo, pérdida, obtención, pérdida, deseo, etc.

Los cuatros de autopreservación están decididos a tener éxito a pesar de sus deficiencias. Tienen la sensación de ser defectuosos, pero lo harán de todos modos. Aunque la sensación subyacente que puedan tener es la de no ser suficientemente buenos, su determinación los llevará a pensar que lo conseguirán, que encontrarán el camino del éxito, defendiéndose de sus oponentes o de la competición. No se dejarán intimidar, descorazonar ni desanimar. La **tenacidad** es otra de las etiquetas que se le puede aplicar a este subtipo, que los cuatros tienen la necesidad de aguantar.

Con frecuencia, estos cuatros se muestran dubitativos, obedientes a determinados estándares o cuidando del legado familiar. Su intrépida actitud se puede expresar así: «No te cruces en mi camino, pues haré esto si quiero. Tengo una responsabilidad, y debo defender y proteger la tradición de mi familia».

En este caso nos encontramos con el *contratipo*. Quizás no parezca tan envidioso como los otros cuatros, o quizás utilice comparaciones para esforzarse más con el fin de conseguir lo que otros tienen. También guardan para sí su sufrimiento más que los otros cuatros. Son pacientes y sufridos, frente a los que no tienen inconveniente en mostrar su sufrimiento. También pueden parecer sietes, dado que son más livianos y brillantes, y menos melancólicos que los otros cuatros.

El subtipo social

Cuando la pasión de la envidia entra y contamina el instinto social, el resultado es la **vergüenza**. Los cuatros se sienten avergonzados si no han estado a la altura de los estándares o las normas grupales de su propia élite. Al comparar sus logros con los logros de los demás, los cuatros se sienten lamentablemente inadecuados. Se avergüenzan porque no están interpretando su papel social lo suficientemente bien o porque tienen una posición o un papel inferior en el juego. Y, sintiéndose mal consigo mismos y considerándose indignos de ser amados, son hipersensibles ante los menosprecios sociales. Tienen la sensación de que no hay un hogar ni espacio para ellos, pues creen que no encajan en ninguna parte ni dan la talla.

Los cuatros sociales suelen estar convencidos de que los demás van a intuir sus deficiencias internas. Por ejemplo, mientras caminan calle abajo, los cuatros pueden sentir una intensa vergüenza porque sospechan que incluso los extraños pueden ver sus defectos y debilidades.

Los cuatros son particularmente sensibles a que se los malinterprete, y creen que sufrir es su destino. Sin embargo, sufrirán en las sombras, pues no quieren que los demás vean sus defectos.

Las personas de este subtipo suelen mostrarse confusas o desorientadas, y pueden sentirse humilladas y paralizadas en los grupos sociales porque consideran que no dan la talla, de ahí que teman hablar en público para no parecer tontas. Normalmente, comparten sus temores con sus vecinos de al lado, los cincos. O bien, para compensar su sentido de confusión interior, los cuatros pueden depositar más su confianza en su propia imagen social, en el hecho de ser miembros de entidades de élite y en otras formas de reconocimiento público, un rasgo que comparten con otros de sus vecinos, los treses.

Mientras que el cuatro íntimo está loco, el subtipo social está sumido en la tristeza. El cuatro íntimo puede quejarse y exigir, mientras que el cuatro social es más probable que sufra en silencio. Y en tanto que el subtipo social es el más avergonzado, el cuatro íntimo es el más desvergonzado.

El subtipo íntimo

Cuando el vicio de la envidia se filtra en la sexualidad y la distorsiona, la pasión resultante o fuerza impulsora es la **competición**. Esta competitividad aparece en todas las relaciones, pero especialmente en los emparejamientos íntimos donde los celos se pueden inmiscuir. Los cuatros íntimos quieren ser la única persona que su pareja haya amado *de verdad* nunca. O bien quieren ser *el* cliente especial de su terapeuta. Los cuatros pueden competir *por* la persona amada o pueden competir *con* la persona amada. Se comparan normalmente con los demás, midiéndose con la competencia para, a continuación, superar a su competidor o compañero. «Te demostraré lo bueno que soy». Queriendo que se los considere dignos, los cuatros operan desde la suposición de que «Si soy mejor que tú, entonces me respetarás y me encontrarás deseable».

La energía sexual se puede utilizar para ganarse el respeto, el aprecio y la aprobación, por ejemplo, de otra persona, y el sexo se puede usar para incrementar la confianza en sí, como compensación por los sentimientos de insuficiencia, inferioridad o fealdad que pulsan en su interior. Los cuatros íntimos pueden mostrarse bellos, encantadores y elegantes con el fin de seducir a alguien, para luego rechazarlo, en un intento por gestionar su temor al abandono: «Te rechazaré antes de que tú me rechaces a mí».

Para gestionar su depresión y su envidia, los cuatros pueden intensificar su ira hasta convertirla en odio hacia un competidor o una pareja que los desdeña, pues reduciendo su valía la hacen menos envidiable, al tiempo que el cuatro se hace más deseable.

Este «cuatro peleón» puede parecer un ocho del subtipo íntimo.

Si los cuatros íntimos vuelcan su ira hacia el interior, pueden llegar a albergar fantasías suicidas: «Cuando me vaya, te darás cuenta de la maravillosa persona que fui y te percatarás de lo que me has hecho».

Los cuatros íntimos son, por lo general, diseñadores distinguidos de los que se pueden encontrar en las páginas de las glamurosas revistas de moda.

Estilo cinco: La persona sabia

El subtipo de autopreservación

Cuando la avaricia se filtra en el instinto de autopreservación, el resultado es la búsqueda apasionada de un **refugio** seguro, un espacio u hogar oculto. Los cincos de autopreservación buscan un **castillo** que los proteja del invasivo mundo que, con tanta facilidad, atraviesa sus fronteras. La novela de Kafka *El castillo* capta muy bien este modo de sentir.[6] Buscan su propio espacio, un espacio donde estar solos, lejos de toda expectativa y exigencia externa, donde su ego se sienta seguro. En ese lugar tranquilo, los cincos se sienten libres para ser ellos mismos, para pensar, sentir y hacer lo que quieran. Para los cincos de autopreservación es muy importante tener su propio espacio, un lugar oculto donde los introvertidos cincos puedan recargar las pilas y recuperar energía para regresar después al mundo. Se ha llegado a decir que los cincos están buscando un «útero con vistas», un lugar cálido y acogedor donde sus necesidades estén satisfechas y puedan observar el mundo desde una dicha sin obstáculos ni intrusiones.

Los cincos de autopreservación pueden ser los más delimitados de todos los subtipos. Como escribió Robert Frost, «Unas buenas vallas hacen buenos vecinos».

Algunos cincos de autopreservación pueden ser bastante parsimoniosos, pues no piden mucho ni toman demasiado del mundo. Y

---

6. Libro publicado en castellano por Alianza Editorial, Madrid, 2014.

dado que no piden ni luchan por lo que quieren, consiguen hacer más con menos.

El subtipo social

Cuando el vicio de la avaricia se filtra en el instinto social aparece el apego a **tótems**. En lugar de relacionarse desde su esencia en un modo libre y espontáneo, los cincos sociales interactúan con los demás a través de su falsa personalidad, que se sustenta en arquetipos, costumbres, roles y reglas sociales sobre cómo hacer las cosas.

Cuando algo se convierte en un tótem, a esa persona u objeto se le concede un respeto especial. Con los cincos sociales, se le da ascendencia a la información o el conocimiento. En lugar de un poste tótem enhiesto fuera de la oficina, los cincos tienen sus tótems enmarcados en su despacho, con sus múltiples diplomas, grados y credenciales colgando de las paredes. Se puede recurrir a los cincos para desarrollar un área de especialización. Buscan poder y reconocimiento mediante la comprensión y el dominio de sistemas que resultan «esotéricos» para el común de los mortales. Esta área de especialización les proporciona un nicho en la sociedad en la que, de otro modo, se sentirían socialmente inferiores, o pensarían que no tienen nada que aportar. El hecho de tener acceso a este conocimiento secreto les proporciona a los cincos cierto sentido de poder.

Su búsqueda de sabiduría esotérica y de la esencia de la vida es una expresión de su búsqueda de significado, que comparten con otros cincos y también con sus vecinos los cuatros.

Los tótems son objetos a los que se les da poder, más allá del que puedan poseer de forma natural. Se pueden convertir en objetos de culto o adicción. Por ejemplo, los coleccionistas quedan atrapados por sus colecciones de sellos, libros, discos, etc. En última instancia, la avaricia de los cincos se codifica en sus colecciones. En la novela *El coleccionista,* de John Fowles,[7] un cinco coleccionista de mariposas secuestra a su tótem, una joven que tiene por objeto amoroso.

A los cincos sociales también les gusta situarse en las filas de las personas fuente de la tribu. Disfrutan dando y recibiendo consejo del

---

7. Traducida al castellano por Sexto Piso, Madrid, 2018.

círculo interior, y gustan de disponer de información interna. Compartir esta información secreta, el chismorreo intelectual, es su manera de intimar.

Los cincos no quieren ser sólo discípulos, sino también confidentes de sus gurúes. Quieren estar cerca o detrás de las posiciones de poder: el confesor del rey, el analista del presidente, el Merlín del rey Arturo, etc.

El subtipo íntimo

Cuando la pasión de la avaricia se filtra en el instinto sexual, la preocupación resultante es el impulso para sentir **confianza**. Los cincos sexuales utilizan el sexo para incrementar su confianza, más que para expresar su amor. Con cada acto sexual, se acumula cierta seguridad. Sorprendentemente, los cincos pueden expresarse apasionadamente a través de la sexualidad, en tanto que pueden ser reluctantes a hacerlo a través de enunciados verbales o emocionales.

Los cincos íntimos salen de sí mismos y se muestran particularmente confiados y competentes cuando interpretan papeles ya prescritos. Los actores y actrices cinco suelen ser un ejemplo de este subtipo íntimo. Si no tienen un papel, los cincos se sienten inadecuados y vulnerables, y esto los lleva a hacerse más reticentes y reservados.

También puede haber un vínculo, una intimidad inmediata, que se produce a través del intercambio de confidencias: «Nadie más sabe los secretos que hemos compartido». Esta situación se puede encontrar en la intimidad del confesionario, en la privacidad de la consulta terapéutica o en los intercambios entre confidentes y amantes.

Los cincos íntimos tienen una mirada de seguridad. Parecen particularmente fríos y pueden ser estafadores, lobos con piel de cordero, que encantan seductoramente a la gente para que hagan lo que ellos quieren.

Las convicciones intelectuales de los cincos son rotundas: «Si lo piensas bien, verás que tengo razón». Pueden ser intelectualmente arrogantes y despectivos con los demás. Como señaló Camus, un supuesto cinco: «No existe problema que no pueda superarse con el desprecio».

Nos encontramos aquí con el *contratipo*. Los cincos íntimos quieren ser transparentes con su pareja ideal, en tanto que los otros subtipos no están tan dispuestos a ser tan visibles. Existe un espíritu romántico en las profundidades del cinco íntimo, que puede ser muy avaricioso a la hora de compartir al ser amado con alguien.

Estilo seis: La persona leal

El subtipo de autopreservación

Cuando la pasión del miedo interactúa con el instinto de autopreservación, se intenta mantener a raya el peligro y el miedo mediante una exhibición de **calidez** y cordialidad. Si consigues caer bien a la gente y que vean que no eres una amenaza para ellos, la gente no querrá hacerte daño y no tendrás así motivo para temerlos. Podrás diluir su cólera ganándote su afecto. Los seises de autopreservación suelen traslucir cierta cualidad de niño o niña adorable. Pueden ser cálidos y cariñosos, incluso lisonjeros y aduladores como los doses, y se los puede confundir con los solícitos doses de autopreservación.

Si aparentas ser inofensivo, la gente no se va a sentir amenazada por ti, de ahí que los seises de autopreservación se muestren muy críticos consigo mismos y parezcan tímidos e inquietos, presentándose ante los demás con un semblante dependiente e indefenso.

Los seises fóbicos, de autopreservación, son propensos a mostrarse débiles para conquistar a los demás, para lograr que los protejan y averiguar si todavía los aceptan después de haber expuesto su lado vulnerable. Por otra parte, los seises íntimos, los contratemerosos, es más probable que lleven a cabo una exhibición de fuerza, desafiando y provocando a los demás para averiguar si merecen su confianza. Ambas tácticas no son más que intentos por reducir los miedos y ansiedades habituales en los seises.

Los seises de autopreservación suelen ser divertidos, con una *persona* que se toma en broma a sí misma, como Woody Allen. Al igual que otros subtipos de autopreservación, este subgrupo es más ansioso y se controla más que otros subtipos sociales o íntimos extravertidos.

Al igual que sus vecinos, los cincos de autopreservación, los seises pueden ver su hogar como un puerto seguro frente a las acometidas del mundo exterior. Apostados dentro de su hogar, se van a sentir protegidos y calientes. El problema con los castillos es que si estás dentro demasiado tiempo, puedes terminar aburriéndote o muriéndote de hambre.

El subtipo social

Cuando la pasión del miedo se filtra en el instinto social, te aseguras tu lugar en el colectivo haciendo tus **deberes** y siguiendo las reglas del juego. Las interacciones mutuas espontáneas Yo-Tú se ven reemplazadas por los comportamientos oficialmente autorizados. Si haces lo que se te exige, serás aceptado en el grupo y no serás expulsado. Los seises sociales hacen lo que los demás esperan de ellos. Suelen ser obedientes, conservadores y de mentalidad autoritaria. Intentan hacer la voluntad del padre, del comandante o del superior. Al igual que Hamlet, tienen un deber que cumplir para honrar a su padre. Los seises sociales creen que la cohesión del grupo se establece y mantiene mediante la adherencia a las reglas y el protocolo, siguiendo un comportamiento socialmente aceptable y manifestando una clara uniformidad. Los seises sociales tienden a ser personas «de compañía».

Los seises sociales son amables y diplomáticos. Quieren que los demás se sientan cómodos y esperan lo mejor de la gente, al tiempo que ofrecen lo mejor de sí mismos.

Por otra parte, piensan que aquellos que no siguen la política y los procedimientos deben ser acosados y expulsados de la organización, en tanto que los que tienen visiones del mundo alternativas pueden ser perseguidos o rehabilitados, en función de los valores y visiones del grupo.

Con su atención a los detalles, su preocupación por la eficacia y su enfoque legalista, los seises sociales pueden parecer treses, o incluso, con más probabilidad, unos.

El subtipo íntimo

Cuando la pasión del miedo se filtra en el instinto sexual, el resultado es un intento por contener o compensar tal temor mediante la adquisición de **fuerza** y conduciéndose de manera amenazadora, en el caso de los varones, o, en el caso de las mujeres, exhibiendo **belleza** y mostrándose sexualmente atractivas y seductoras. Quizás reconozcas en esto algunos de los trucos comerciales del tres, cuyo paradigma pueden utilizar los seises bajo condiciones de estrés. Pareciendo fuertes –o atractivos–, los seises reducen su ansiedad ante la idea de ser débiles –o poco agraciados–. Los seises íntimos podrían intentar aliarse con acompañantes fuertes –o bellos– para sentirse más protegidos. Cuando los seises se sienten seguros con su acompañante, no tienen tanto temor.

Los seises íntimos es probable que opten por la carrera militar, o que practiquen las artes marciales; y, con frecuencia, aunque no siempre, los seises contrafóbicos son subtipos sexuales que recurren al antagonismo y la intimidación como táctica preventiva, en la medida en que su imagen puede mantener a raya al resto. Los hombres van en pos de la contrafóbica hazaña de la fuerza, en tanto que las mujeres interpretan el papel de *femme fatale*.

Los seises contrafóbicos hacen impulsivamente lo mismo que temen, en vez de evitarlo, que es lo que hace un seis fóbico. Si el primero teme las alturas, practicará el paracaidismo en caída libre, en tanto que el último tomará un tren.

No debería sorprender, por tanto, que nos encontremos aquí ante el *contratipo*. Estas personas se sienten atraídas por la intriga y el peligro, y puede que se involucren en colectivos y movimientos contraculturales. En este sentido, pueden confundirse con los ochos.

Estilo siete: La persona alegre

El subtipo de autopreservación

Cuando la gula se encuentra con la autopreservación, la persona intenta mantener la seguridad perteneciendo a un colectivo de **personas de mentalidad similar** que creen en las mismas cosas que ella, las buscan y las defienden. La serie de televisión *Cheers* refleja este tipo de atmósfera del siete de autopreservación, en la que la familia extensa de amigos en el bar se vuelve tan importante, o más importante, que la propia familia o la familia nuclear. El santuario interno que buscan los subtipos de autopreservación del cinco y el seis se exterioriza en el refugio seguro de la familia extensa al que aspira el siete de autopreservación. A las personas de este subtipo las llaman también **custodios del castillo.**

Ávidos por recorrer el circuito de fiestas, los sietes de autopreservación se sienten atraídos por las comunas, los comités sociales, los amigos del pub, los clubes de viajes u otros colectivos que emprenden causas comunes o se divierten juntos. Muestran una disposición de «compañero bien avenido», en busca de una palmada en la espalda y sin formular preguntas serias. Buscan un lugar seguro donde ocurran cosas interesantes.

El subtipo social

Por extraño que parezca, cuando la pasión de la gula se filtre en la arena social, los sietes **sacrificarán** sus opciones y limitaran sus posibilidades por el bien de su familia o de cualquier colectivo al que pertenezcan. Ésta es la versión siete del sentido del *deber* de los seises sociales. El compromiso que asumen por el bienestar de los demás pone límites a sus posibilidades personales, al tiempo que restringe su gula, aunque sólo sea temporalmente, pues los sietes tienen la esperanza de que, una vez que todo el mundo sea feliz –o una vez que los hijos se independicen–, podrán actualizar todas sus posibilidades.

Para el siete social es bonito estar con personas interesantes y estimulantes que comparten la misma visión y los mismos objetivos. Pero, por desgracia, en ocasiones, las actividades del grupo pueden ser resultar un **martirio** para estas personas. Sin embargo, los sietes sociales aceptan estas **limitaciones sociales** con el fin de trabajar con grupos con los que congenian. Están dispuestos a renunciar o a sacrificar su libertad personal para realizar sus ideales dentro de la familia, del grupo político o de su religión; de algún modo, una reminiscencia del idealismo de los unos.

La teoría social de Jean Jacques Rousseau, el filósofo político del siglo XVIII, da forma a la variación de este subtipo, no hay más que recordar la creencia y el lamento de Rousseau de que las restricciones de la sociedad son la causa del sufrimiento y la depravación humanos; y que, si eliminamos los límites que la sociedad impone sobre la libertad de expresión y de desarrollo, nos convertiremos en los seres felices y benévolos, en los «nobles salvajes», que realmente somos. La psicología humanista comparte este aire optimista.

Éste es el *contratipo,* dado que el sacrificio no es la primera idea que puede venirle a la mente al resto de los sietes. Los sietes sociales se pueden confundir con los doses en que a ambos les gusta el servicio, al menos por un tiempo.

El subtipo íntimo

Cuando la pasión de la gula contamina el instinto sexual, el resultado es el estado de **sugestibilidad** y **fascinación**, sobre todo ante nuevas posibilidades de relación. Las ideas emergen y se aceptan, o se actúa a partir de ellas, de forma inmediata y acrítica. Y los sietes tienen normalmente más ideas de las que pueden gestionar. Lo que les llega a la mente como una sugerencia o una posibilidad obtiene rápidamente credibilidad como algo real. A los sietes íntimos se los puede convencer fácilmente de cualquier cosa y es posible que se involucren en cualquier asunto que se les pase por la cabeza antes de tomar seriamente en consideración lo que están haciendo. Su fascinación inicial los convierte en promotores entusiastas de procesos, productos y lugares que no llegan a comprender demasiado bien.

El estado de la «mente del mono» está especialmente presente en este subtipo íntimo, pues la mente salta impulsivamente de un pensamiento interesante a otro, o se distrae y pierde el rumbo ante cualquier novedad.

Son soñadores optimistas que viven en el mundo de la imaginación.

Y aunque a todos los sietes les gusta la variedad, los sietes íntimos la anhelan especialmente, pues se fascinan con lo novedoso y exótico, de ahí que su rango de atención y sus relaciones tiendan a ser breves. Tienen experiencias intensas, pero de corto recorrido.

A los sietes íntimos les gusta deambular para conocer lugares nuevos y disfrutar de nuevas aventuras, y te los puedes encontrar facturando el equipaje a tu lado en sus vueltas por el mundo, aburriéndose terriblemente si se los obliga a establecerse en algún lugar durante demasiado tiempo.

Los sietes íntimos pueden ser proclives al donjuanismo, a la promiscuidad sexual y la experimentación. Los «viajes» sexuales son más interesantes y excitantes que las relaciones de larga duración. Los experimentos con la homosexualidad, la bisexualidad y demás variaciones no son inusuales entre los sietes íntimos.

Los sietes íntimos también pueden idealizar una relación a la manera en que lo hacen los cuatros con el fin de evitar el tedio y las limitaciones de sus interacciones diarias. En estos casos, proyectan sus fantasías sobre su pareja y las representan, en lugar de involucrarse con la persona real.

Estilo ocho: La persona poderosa

El subtipo de autopreservación

Cuando la pasión de la lujuria se filtra en el instinto de autopreservación, la disposición resultante será la de la **supervivencia satisfactoria**. «La situación es dura, se hace difícil seguir avanzando, pero lo estás haciendo. No es fantástico, pero dispones de cuanto necesitas en grado suficiente». Más que preservarse a sí mismo se afronta la situación, y la atención a las necesidades superiores queda eclipsada por la satisfacción de las necesidades de supervivencia. Los ochos de autopreservación viven en la base de la jerarquía de las necesidades de Maslow, cuidando de su supervivencia y de su seguridad mientras ignoran el resto de la pirámide y prescinden de satisfacer las necesidades de relación, de autorrealización y de trascendencia. En la medida en que tus necesidades básicas estén satisfechas y tus líneas de suministro no corran riesgo, sentirás que lo estás haciendo bien. No necesitas a nadie más; te las apañas solo. Si dispones de control sobre el entorno inmediato, si dispones de «un lugar limpio y bien iluminado» como escribió Hemingway, te sentirás bien.

Los ochos de autopreservación suelen formar parte de movimientos de supervivencia. Tienen fijación por garantizar su preservación, en lugar de confiar en la bondad del universo, o al menos en la bondad del vecino. Deseando controlar su pedazo del planeta, estos ochos fortifican su castillo contra ataques nucleares. Según ellos, en tal entorno darwiniano sólo sobreviven los fuertes.

El término «**satisfactoria**» que se le añade a «supervivencia» hace referencia a que los ochos quieren, además, que sus necesidades materiales se satisfagan de inmediato, pues la frustración no es algo que soporten durante mucho tiempo. Se les da bien negociar lo que quieren, y pueden llegar a hacerte una oferta que no puedas rechazar.

Podrían confundirse con los unos íntimos, si bien los unos están excesivamente preocupados con las normas, en tanto que a los ochos las normas no les preocupan en absoluto.

El subtipo social

Cuando la pasión de la lujuria se combina con el instinto social, el resultado es una intensa atracción y devoción a las **amistades**. En este mundo donde el pez grande se come al chico, necesitas tener amistades en las que poder confiar, y los ochos sociales son amigos de por vida. Cuidarán de ti y estarán allí cuando los necesites, pues sienten una gran satisfacción en sus relaciones con colegas y compinches. Las bandas callejeras, los clubes sociales y las camarillas son hábitats frecuentes de los ochos sociales. La **solidaridad** es un valor para este subtipo.

Tú sabes cuál es tu sitio con unos camaradas probados, y puedes expresar tus sentimientos con ellos, a menudo hasta altas horas de la noche, pues ser leal con los amigos es uno de los sellos distintivos del ocho social. Existe una exagerada y adictiva cualidad en estas apasionadas amistades en las que el poder y el control se ven sutilmente sustituidos por una mutua intimidad y vulnerabilidad: «Yo te protegeré a ti y tú me protegerás a mí en este mundo».

En las novelas de Hemingway, que normalmente están pobladas de ochos, la amistad suele ser el tema de conversación o la esencia de la trama.

Las personas que necesitan protección o fortaleza se ven atraídas frecuentemente hacia los ochos sociales. Se trata de un *contratipo* que está preocupado por la justicia social, la organización comunitaria o la defensa de personas marginadas y vulnerables. Este ocho más suave se puede confundir con el dos social.

El subtipo íntimo

Cuando la pasión de la lujuria se filtra en el instinto sexual, el resultado es el intento de poseer la tierra o, al menos, el propio territorio, la pareja, los hijos, los empleados, etc. Para este subtipo, la **posesión** significa implicarse activamente y hacerse cargo de la vida de los demás, hasta el punto de que tal posesión reemplaza a la cercanía genuina en el caso de este subtipo.

Competir por el control es una de sus formas de conectar con los demás. Si éstos mantienen su posición, y se conducen de forma franca, poderosa y respetuosa (p. ej., si responden como ochos), entonces quizás se pueda confiar en ellos, y los ochos quizás cedan cierto control.

Cuando los ochos se desplazan hacia el lado inferior del dos, se obsesionan con su pareja y, si se vuelven suspicaces, pueden volverse acosadores y vengativos. Tal manera de comportarse, tan agresiva, oculta una dependencia subyacente.

Los ochos íntimos son, en ocasiones, menores (o adultos) delincuentes, en el barrio (o en la empresa). Son rebeldes, con o sin causa, y consumen y exprimen la vida de todo cuanto los rodea: «Sólo se vive una vez, de modo que aprovéchalo todo al máximo». Les gustan los coches veloces, beber enormes cantidades de licor y cualquier cosa que puedan consumir. El control y la posesión se convierten en vías para evitar la ansiedad, la vulnerabilidad y la intimidad.

El asunto de quién está arriba, quién manda y quién tiene el control en última instancia es un problema intenso para los ochos íntimos, para quienes la rendición supone un gesto extremadamente difícil de llevar a cabo.

Nos encontramos aquí ante un ocho intensamente apasionado, que podría confundirse a veces con un intensamente apasionado cuatro íntimo.

Estilo nueve: La persona tranquila

El subtipo de autopreservación

Cuando el vicio de la indolencia se filtra en el instinto de autopreservación, el **apetito** se divorcia de la satisfacción, se puede descontrolar y puede convertirse en objetivo por sí solo. Atracones comiendo, borracheras, compras compulsivas, viajes al casino, etc., son estrategias de resolución de conflictos para los nueves, estrategias que les permiten adormecerse mientras parecen estar activos.

Los nueves de autopreservación se rodean de cosas, pero no las usan. Coleccionan objetos reconfortantes y disponen las cosas del modo que más les gusta, pero nunca llegan utilizarlas, o bien se identifican en exceso y se pierden en sus rutinas y sus piezas de colección. Esta expresión de indolencia les permite evitar los problemas reales, las prioridades y los conflictos que necesitarían abordar. Se distraen con cosas intrascendentes y no atienden a sus asuntos personales.

Estas personas reducen sus expectativas en la vida y se conforman con una vida físicamente cómoda, tranquila, con rutinas reconfortantes y horizontes limitados. Pidiéndole tan poco a la vida, los nueves de autopreservación valoran lo que tienen y no sacuden el barco ni sobrecargan el carro de las manzanas. Los placeres sencillos los tranquilizan y les proporcionan algo con lo que reemplazar el amor. Distraerse con la comida o quedarse en blanco delante de la pantalla del televisor les ayuda a que el tiempo pase sin esfuerzo, por lo que es muy posible que el término «flojo» se acuñara para identificar a este subtipo.

Las actividades más nimias pueden dejar sin energía a los nueves de autopreservación: «Limpié el cajón de mi escritorio esta mañana y tuve que tomarme el resto del día libre».

Los nueves de autopreservación insensibilizan sus heridos egos mediante el apetito y la distracción, en lugar de satisfacer a su verdadero yo atendiendo los asuntos esenciales. Tratan con la ira y la ansiedad a través del apetito, intentando ahogar o atiborrar estos sentimientos. El ego desea aquellas cosas intrascendentes que cree necesitar para sobrevivir, reemplazando así sus verdaderas necesidades y deseos con cosas que no son esenciales. Pero estos deseos no satisfacen al verdadero yo, que sigue pasando hambre sin llegar a saciarse jamás.

El subtipo social

Cuando el vicio de la indolencia distorsiona el instinto social, el resultado es la **participación social**, en la medida en que los colectivos ofrecen a los nueves cierta sensación de inclusión y de pertenencia. En estos grupos, obtienen atención y se sienten queridos y estimulados. Sin embargo, al mismo tiempo, muestran una actitud ambivalente con respecto a los colectivos. Los nueves sociales pueden unirse o dejar estos grupos, pero también se resisten a sus influencias y expectativas, al no involucrarse ni comprometerse por completo. Moviéndose en los márgenes, participan de los grupos sin gran entusiasmo, sin estar del todo presentes, pero sin abandonarlos.

Los nueves sociales suelen unirse a colectivos con el fin de evitar su propia agenda y de hacer lo que realmente tendrían que hacer. Los nueves sociales son capaces de aceptar un matrimonio a prueba para luego permanecer en esa relación durante veinte años, pues en cuanto aparece la inercia, no van a encontrar la energía suficiente como para romper el vínculo. Y tampoco es que no quieran a su pareja: es que no encuentran la energía para expresar su amor.

Los nueves sociales se entusiasman con la energía de la gente cuando ésta hace algo junta, pues llegan a captar parte de esta energía y no les cuesta convertirse en «animadores» del grupo.

Como ocurre con todos los tipos de nueve, el ego o falsa personalidad intenta interactuar con otros egos en los juegos sociales, en tanto que el verdadero yo o esencia intenta participar en relaciones interpersonales genuinas.

Dado que los nueves sociales pueden ocupar su tiempo en los colectivos o grupos para no tener que trabajar sobre sí mismos, éste es un *contratipo* que podemos confundir con los treses esforzados o los doses que se vuelcan en los demás.

El subtipo íntimo

Cuando el vicio de la indolencia se filtra en el instinto sexual y lo influye, el resultado es el deseo de **unión** y **fusión** con el otro. Se trata de una distorsión de la verdadera unión sexual, que es una expresión de la relación *Yo-Tú* genuina donde existe un yo-en-relación. Los nueves buscan fusionarse con una idea del otro en la cual puedan perderse y que cuide de ellos en una pertenencia sin esfuerzo. En lugar de destacar su singularidad e individualidad, los nueves difuminan sus límites y se fusionan con la persona amada en algo parecido a una relación *entre objetos,* donde tampoco la pareja se siente única ni especial. Utilizando los términos de la terapia Gestalt, nos encontramos aquí ante el mecanismo de defensa de la confluencia. En vez de fundirse con los demás, los nueves necesitan primero diferenciarse, para luego establecer un verdadero contacto con unos otros diferenciados.

Los nueves íntimos intentan recuperar su perdido sentido de identidad, de pertenencia, y su sentido de conexión con el cosmos, convirtiéndose en uno con el otro y viviendo en y a través del otro.

Sintiéndose incompletos y desconectados de la vida, tienen la esperanza de que el amor de la otra persona les permitirá hacerse notar, ser alguien, ser un todo y estar unidos. Los nueves se convierten en alguien más, en vez de acercarse a alguien más. Pueden llegar a sustituir su propia agenda por la agenda de la otra persona, mientras una sensación fundida de *nosotros* reemplaza al *Yo-Tú*. Dan Siegel habla del «yosotros», que es una sana combinación de yo y de tú que se convierte en «yosotros».[8] Los nueves necesitan dejar crecer su yo antes de integrarse en un nosotros.

---

8. En el original inglés *mwe* (yosotros), *me* (yo), *thee* (tú) y *we* (nosotros). *(N. del T.)*.

Bibliografía

Libros acerca del eneagrama

Introducciones generales

BARON, R. y WAGELE, E.: *The Enneagram Made Easy*. Harper San Francisco, San Francisco, 1994. (Trad. cast.: *El eneagrama: Guía fácil y divertida*. Gaia Ediciones: Móstoles, Madrid, 2022).

—: *Are You My Type? Am I Yours?* Harper San Francisco, San Francisco, 1994. (Trad. cast.: *El eneagrama: Clave para las relaciones perfectas*. Martínez Roca: Barcelona, 1996).

BEESING, M., NOGOSEK, R. y O'LEARY, P.: *The Enneagram: A Journey of Self Discovery*. Dimension Books, Denville, Nueva Jersey, 1984. (Trad. cast.: *El eneagrama: Un camino hacia el autodescubrimiento*. Narcea: Madrid, 1998).

BRADY, L.: *Beginning Your Enneagram Journey*. Thomas More, 1994.

—: *Finding Yourself on the Enneagram*. Thomas More, 1997.

CARLINI, J.: *Maximizing Your Enneagram Type: A Workbook*. Center of Growth Publications, Highwood, Illinois, 2014.

CHESTNUT, B.: *The Complete Enneagram: 27 Paths to Greater Self-Knowledge*. She Writes Press, Berkeley, California, 2013.

CHRISTLIEB, F. F.: *Where on Earth Did the Enneagram Come From?* Lightning Source, 2016.

HURLEY, K. y DOBSON, T.: *What's My Type?* Harper Collins, San Francisco, 1991.

—: *My Best Self: Using the Enneagram to Free the Soul*. Harper/San Francisco, San Francisco, 1993.

—: *Discover Your Soul Potential: Using the Enneagram to Awaken Spiritual Vitality*. WindWalker Press, Lakewood, Colorado, 2000.

LANDIS, R.: *Beyond the Bookclub: We Are the Books We Must Read*. Gatekeeper Press, Columbus, Ohio, 2018

Naranjo, C.: *The Enneagram of Society.* Gateways, Nevada City, California, 2004. (Original cast.: *El eneagrama de la sociedad.* La Llave: Barcelona, 2011).

Palmer, H.: *The Enneagram.* Harper and Row, San Francisco, 1988. (Trad. cast.: *El eneagrama.* La Liebre de Marzo: Barcelona, 2011).

Pearce, H. con Brees, K.: *The Complete Idiot's Guide to the Power of the Enneagram.* Alpha Books, Nueva York, 2007.

Reynolds, S.: *The Everything Enneagram Book.* F+W Media, Avon, Massachusetts, 2007.

Rhodes, S.: *The Positive Enneagram.* Geranium Press, Seattle, 2009. (Trad. cast.: *El eneagrama positivo.* Gaia Ediciones: Móstoles, Madrid, 2011).

—: *Archetypes of the Enneagram.* Geranium Press, Seattle, 2010.

—: *The Integral Enneagram.* Geranium Press, Seattle, 2013.

Riso, D. R.: *Personality Types: Using the Enneagram for Self-Discovery.* Houghton Mifflin, Boston, 1996. (Trad. cast.: *Tipos de personalidad: El eneagrama como método de autodescubrimiento.* La Esfera de los Libros: Madrid, 2012).

—: *Understanding the Enneagram.* Houghlin Mifflin, Boston, 1990.

Thomson, C. y Condon, T. (eds.): *Enneagram Applications: Personality Styles in Business, Therapy, Medicine, and Daily Life.* Metamorphous Press, Portland, Oregón, 2001.

Wagner, J.: *The Enneagram Spectrum of Personality Styles.* NineLens Press, Evanston, Illinois, 1996.

—: *Nine Lenses on the World: The Enneagram Perspective.* NineLens Press, Evanston, Illinois, 2010.

Webb, K.: *The Enneagram.* Thorsons, Londres, 1996.

Zanos, S.: *Human Types: Essence and the Enneagram.* Weiser Books, Boston, 1997.

El eneagrama en las artes, el cine y la literatura

Condon, T.: *The Enneagram Movie and Video Guide,* 2.ª ed. Rev. Metamorphous Press, Portland, 1999.

Goldberg, M.: *Travels with Odysseus: Uncommon Wisdom from Homer's* Odyssey. Circe's Island Press, Tempe, 2005.

Searle, J.: *The Literary Enneagram.* Metamorphous Press, Portland, 2001.

Schnebly, L.: *Believable Characters: Creating with Enneagrams.* Cider Press, Tucson, Arizona, 2007.

El eneagrama y los negocios

Apple, W.: *InsideOut Enneagram: the Game-Changing Guide for Leaders.* Palma Publishing, San Rafael, California, 2011.

Bast, M. y Thomson, C.: *Out of the Box: Coaching with the Enneagram.* Stellar Attractions, Portland, 2003.

Cloete, D.: *Integrative Enneagram for Practitioners.* ABC Press, Sudáfrica, 2019.

David, O.: *The Enneagram for Managers.* Writers Club Press, Lincoln, Nevada, 2001.

GOLDBERG, M.: *Getting Your Boss's Number.* HarperSan Francisco, San Francisco, 1996.

HOWE-MURPHY, R.: *Deep Coaching: Using the Enneagram as a Catalyst for Profound Change.* Enneagram Press, El Grenada California, 2007.

—: *Deep Living: Transforming Your Relationship to Everything that Matters through the Enneagram.* Enneagram Press, Santa Fe, Nuevo México, 2013.

LAPID-BOGDA, G.: *Bringing Out the Best in Yourself at Work.* McGraw-Hill, Nueva York, 2004. (Trad. cast.: *Eneagrama y éxito personal: Aprenda a utilizar el eneagrama en su trabajo.* Ediciones Urano: Barcelona, 2006).

—: *What Type of Leader Are You?* McGraw-Hill, Nueva York, 2007.

—: *Bringing Out the Best in Everyone You Coach.* McGraw-Hill, Nueva York, 2009.

LAZENBY, M. y HARDIE G.: *Working with Emotional Health and the Enneagram.* Monterey Press, Australia, 2019.

NATHANS, H.: *The Enneagram at Work. The Netherlands.* Scriptum Schiedam, 2003.

PALMER, H.: *The Enneagram in Love and Work.* HarperCollins, Nueva York, 1995. (Trad. cast.: *El eneagrama en el amor y el trabajo.* Neo Person: Móstoles, Madrid, 2003).

—: *The Enneagram Advantage.* Harmony Books, Nueva York, 1998.

TALLON, R. y SIKORA, M.: *From Awareness to Action.* University of Scranton Press, Scranton, 2004. (Trad. cast.: *Conciencia en acción: Eneagrama, inteligencia emocional y cambio.* Gulaab: Móstoles, Madrid, 2012).

El eneagrama y la profesión

WAGELE, E. y STABB, I.: *The Career Within You.* Harper One, Nueva York, 2010.

El eneagrama y los hijos

WAGELE E.: *Finding the Birthday Cake: Helping Children Raise Their Self-Esteem.* New Horizon Press, Far Hills, Nueva jersey, 2007

El eneagrama y la muerte

WAGELE, E.: *The Enneagram of Death: Helpful Insights by the 9 Types of People on Grief, Fear, and Dying.* International Enneagram Association, 2012.

El eneagrama y el aprendizaje

CALLAHAN, W.: *The Enneagram for Youth: Student Edition and Counselor's Manual.* Loyola University Press, Chicago, 1992.

LEVINE, J.: *The Enneagram Intelligences.* Greenwood Publishing Group, Nueva York, 1998.

El eneagrama y la crianza

LEVINE, J.: *Know Your Parenting Personality.* Wiley & Sons, Hoboken, 2003.

TRESSIDER, T., LOFTUS, M. y POLLOCK, J.: *Knowing Me, Knowing Them: Understand Your Parenting Personality by Discovering the Enneagram.* Carlton North VIC, Australia, 2014.

WAGELE E.: *The Enneagram of Parenting.* HarperSanFrancisco, San Francisco, 1998. (Trad. cast.: *Eneagrama para padres y educadores.* Narcea: Madrid, 2004).

El eneagrama y las relaciones

BARON, R. y WAGELE, E.: *Are You My Type, Am I Yours?: Relationships Made Easy Through the Enneagram.* HarperOne, San Francisco, 1995. (Trad. cast.: *El eneagrama: Clave para las relaciones perfectas.* Martínez Roca: Barcelona, 1996).

COATES, M. and SEARLE, J.: *Sex, Love, and Your Personality: The Nine Faces of Intimacy.* Therapy Options Press, Santa Mónica, California, 2011.

COATES, M.: *Keeping Love Alive: Tools that Work for Couples.* Therapy Options Press, Santa Mónica, California, 2018.

DANIELS, D. y DION, S.: *The Enneagram, Relationships and Intimacy.* 2019.

SCHNEIDER, J. y CORN, R.: *Understand Yourself, Understand Your Partner: The Essential Enneagram Guide to a Better Relationship.* CreateSpace Independent Publishing Plaform, 2013.

El eneagrama y la espiritualidad

ADDISON, H.: *The Enneagram and Kabbalah.* Jewish Lights Publishing, Woodstock, Vermont, 1998. (Trad. cast.: *El eneagrama y la cábala.* Editorial Sirio: Málaga, 1999).

ALMAAS, A.H.: *Facets of Unity: the Enneagram of Holy Ideas.* Diamond Books, Berkeley, 1998. (Trad. cast.: *Facetas de la unidad: El eneagrama de las ideas santas.* La Liebre de Marzo: Barcelona, 2002).

BERGIN, E. y FITZGERALD, E.: *An Enneagram Guide: A Spirituality of Love in Brokenness.* Twenty Third Publications, Mystic, Connecticut, 1992.

CALHOUN, A. y LOUGHRIGE, D., C., y S.: *Spiritual Rhythms for the Enneagram: a Handbook for Harmony and Transformation.* InterVarsity Press, Downers Grove, Illinois, 2019.

CRON, I. y STABILE, S.: *The Road Back to You: An Enneagram Journey to Self-Discovery.* InterVarsity Press, Downers Grove, Illinois, 2016. (Trad. cast.: *El camino de regreso a ti.* Origen, 2019).

EMPEREUR, J.: *The Enneagram and Spiritual Direction: Nine Paths to Spiritual Guidance.* Crossroad, Nueva York, 1997. (Trad. cast.: *El eneagrama y la dirección espiritual.* Desclée de Brouwer, Bilbao, 2000).

FALIKOWSKI, A.: *Higher Reality Therapy: Nine Pathways to Inner Peace.* Winchester, RU, 2010. (Trad. cast.: *Nueve caminos hacia la paz interior.* Gaia Ediciones: Móstoles, Madrid, 2011).

FRYLING, A.: *Mirror for the Soul: a Christian Guide to the Enneagram.* InterVarsity Press, Downers Grove, Illinois, 2017.

GOTCH, C. A. y WALSH, D.: *Soul Stuff: Reflections on Inner Work with the Enneagram.* Inscapes Publications, Vermett, Manitoba, California, 1994.

HENRY, K.: *The Book of Enneagram Prayers.* Woven Word Press, Boulder, Colorado, 1991.

Hey, D.: *The 9 Dimensions of the Soul: Essence and the Enneagram*. O Books, Winchester, RU, 2006.

Howell, J.: *Becoming Conscious: The Enneagram's Forgotten Passageway* (2.ª ed.). Balboa Press, Bloomington, Indiana, 2014.

Huertz, C.: *The Sacred Enneagram: Finding Your Unique Path to Spiritual Growth*. Zondervan, Grand Rapids, Míchigan, 2017.

—: *The Enneagram of Belonging: A Compassionate Journey of Self-Acceptance*. Zondervan, Grand Rapids, Míchigan, 2020.

Jaxon-Bear, E.: *The Enneagram of Liberation: From Fixation to Freedom*. Leela Foundation Press, Bolinas, California, 2001. (Trad. cast.: *De la fijación a la libertad: El eneagrama de la liberación*. El Grano de Mostaza: Barcelona, 2012).

Maitri, S.: *The Spiritual Dimension of the Enneagram*. Tarcher/Putnam, Nueva York, 2000. (Trad. cast.: *La dimension spiritual del eneagrama*. La Liebre de Marzo: Barcelona, 2004).

—: *The Enneagram of Passions and Virtues*. Tarcher/Putnam, Nueva York, 2005.

Metz, B. y Burchill, J.: *The Enneagram and Prayer*. Dimension Bks, Denville, Nueva Jersey, 1987.

Mortz, M.: *Overcoming Our Compulsions: Using the Twelve Steps and the Enneagram as Spiritual Tools for Life*. Triumph Books, Chicago, 1994.

Nogosek, R.: *Nine Portraits of Jesus*. Dimension Bks, Denville, Nueva Jersey, 1985.

—: *The Enneagram Journey to New Life*. Dimension Bks, Denville, Nueva Jersey, 1995.

Riso, D. R. y Hudson, R.: *The Wisdom of the Enneagram: The Psychology and Spirituality of Transformation*. Bantam, Nueva York, 1999. (Trad. cast.: *La sabiduría del eneagrama*. Ediciones Urano: Barcelona, 2017).

Rohr, R. y Ebert, A.: *Discovering the Enneagram*. Crossroad, Nueva York, 1990.

—: *Experiencing the Enneagram*. Crossroad, Nueva York, 1992.

—: *The Enneagram: A Christian Perspective*. Crossroad, Nueva York, 2002.

Schafer, W.: *Roaming Free Inside the Cage: A Daoist Approach to the Enneagram and Spiritual Transformation*. Luniverse, 2010.

Thomson, C.: *Parables and the Enneagram*. Crossroad, Nueva York, 1996. (Trad. cast.: *Las parabolas y el eneagrama*. PPC: Madrid, 2000).

Tickerhoof, B.: *Conversion and the Enneagram*. Dimension Books, Denville, Nueva Jersey, 1991.

Vancil, M.: *Self to Lose, Self to Find: A Biblical Approach to the 9 Enneagram Types*. Redemption Press, Emumclaw, Washington, 2016.

Zuercher, S.: *Enneagram Spirituality*. Ave Maria Press, Notre Dame, Indiana, 1992. (Trad. cast.: *La espiritualidad del eneagrama*. Narcea: Madrid, 2004).

—: *Enneagram Companions*. Ave Maria Press, Notre Dame, Indiana, 1993.

—: *Merton: and Enneagram Profile*. Ave Maria Press, Notre Dame, Indiana, 1993.

El eneagrama y los adolescentes

WAGELE E.: *The Enneagram of Teens: Discover Your Personality Type and Celebrate Your True Self.* PLI Media, 2014.

El eneagrama y la terapia

BARTLETT, C.: *The Enneagram Field Guide.* Nine Gates Publishing, 2007.

KEYES, M.: *Emotions and the Enneagram* (ed. rev.). Molysdatur Publ., Muir Beach, California, 1992.

LANDIS, R.: *Beyond the Bookclub: We Are the Books We Must Read.* Gatekeeper Press, Columbus, Ohio, 2018.

LYLESON, E.: *Essential Wholeness: Integral Psychotherapy, Spiritual Awakening, and the Enneagram.* Balboa Press, Bloomington, Indiana, 2015.

NARANJO, C.: *Ennea-type Structures.* Gateways, Nevada City, California, 1990.

—: *Character and Neurosis: An Integrative View.* Gateways, Nevada City, California, 1994.

—: *Enneatypes in Psychotherapy.* Gateways, Nevada City, California, 1994.

—: *Transformation through Insight: Enneatypes in Life, Literature and Clinical Practice.* Hohm Press, Prescott, Arizona, 1997.

LINDEN, A. y SPALDING, M.: *The Enneagram and NLP.* Metamorphous Press, Portland, 1994.

WOLINSKY, S.: *The Tao of Chaos: Essence and the Enneagram.* Bramble Books, Connecticut, 1994.

Inventarios del eneagrama

DANIELS, D. y PRICE, V.: *The Essential Enneagram Revised.* HarperSanFrancisco, San Francisco, 2009. (Trad. cast.: *Eneagrama esencial.* Ediciones Urano: Barcelona, 2010).

LAPID-BOGDA, G.: *The Art of Typing: Powerful Tools for Enneagram Typing.* Enneagram in Business Press, Santa Mónica, California, 2018.

RISO, D.: *Discovering Your Personality Type.* Houghton Mifflin, Nueva York, 1992. (Trad. cast.: *Descubre tu perfil de personalidad en el eneagrama.* Desclée de Brouwer: Bilbao, 1997).

WAGNER, J.: *Wagner Enneagram Personality Style Scales.* Western Psychological Services, Los Ángeles, 1999. www.wepss.com

Investigaciones sobre el eneagrama

ABDULLAH, M.: *The RHETI Enneagram test.* (Tesis de maestría no publicada). Universidad de Bagdad, Bagdad, Irak, (s. f.).

ALBERT, J. L.: *First-generation female higher education student affairs personnel: The significance of personality and spirituality.* (Tesis doctoral no publicada). Capella University, Minneapolis, Minnesota (2011).

ANDRE, S.: *Reliability and validation study of the Online Instinctual Variant Questionnaire.* (Tesis doctoral no publicada). Florida Atlantic University, Boca Raton, Florida (2014).

ARTHUR, K. B.: *Attachment styles and enneagram types: Development and testing of an integrated model for use in marriage and family therapy.* (Tesis doctoral no publicada). Virginia Polytechnic Institute and State University, Blacksburg, Virginia (2008).

ARTHUR, K. y ALLEN, K.: «The nature of love: Understanding the Enneagram types as nine expressions of attachment». *The Enneagram Journal,* vol 3, n.º 1, pp. 6-22 (2010).

BARTMAN, D. y BROWN, A.: «Putting the person into personality: SHL Short research report 2005». SHL White paper (2005).

BEAUVAIS, P. M.: *Claudio Naranjo and SAT: A modern manifestation of Sufism?* (Tesis doctoral no publicada). The Hartford Seminary Foundation, Litchfield, Connecticut (1973).

BECKER, M.: «Empirical studies of the enneagram: Foundations and comparison». En A. Ebert y M. Kustemacher (eds.), *Experiencing the enneagram* (P. Heinegg, trad.). Crossroad, Nueva York (1992).

BLAND, A. M.: «Facilitating and assessing personal growth in helper development using Hart's (2014) four virtues». *The Humanistic Psychologist,* vol. 46, pp. 6-29 (2018).

BRENT, B. P.: *A quantitative and descriptive study of distinct and self-consistent attentional styles and their relation to Enneagram typology.* (Tesis doctoral no publicada). Institute of Transpersonal Psychology, Palo Alto, California (1994).

BROWN, A. y Bartram, D.: *Relationships between OPQ and Enneagram types.* SHL Group, Surrey, RU, 2005.

BROOKS, D.: «Are personality traits inherited?». *South African Journal of Science,* vol. 94, pp. 9-11 (1998).

CARPENTER, D.: *Resonating personality types for couples: An Enneagram application for predicting marital satisfaction.* (Tesis doctoral no publicada). Walden University, Minneapolis, Minnesota (2015).

CHAWLA, B.: *A critical inquiry in to Enneagram as an ancient technique for judging personality types.* (Tesis doctoral no publicada). Maharaja Sayajirao University of Baroda, India (1999).

CHIANG, C.: *A study of the relationship between team members' personalities and cultural dimensions and their effects on team performance.* (Tesis doctoral no publicada). Benedictine University, Lisle, Illinois (2011).

CHOUCROUN, P. M.: *An exploratory analysis of the enneagram typology in couple counseling: A qualitative analysis.* (Tesis doctoral no publicada). University of Texas at San Antonio, San Antonio, Texas (2012).

CLAYTON, T. L.: *Clergy spiritual assessment using the Enneagram.* (Tesis doctoral no publicada). Garrett-Evangelical Theological Seminary, Evanston, Illinois (2014).

CLULEY, W. H.: *Vital gifts and veiled temptations: Using the enneagram to understand holy identity.* (Tesis doctoral no publicada). Lancaster Theological Seminary, Lancaster, Pensilvania (2005).

Coker, C. y Mihai, F.: «Personality traits and second language acquisition: The influence of the Enneagram on adult ESOL students». *TESOL Journal*, vol. 8, n.º 2, pp. 432-449 (2017).

Cowan, P.: *The Enneagram: An action research project to establish the efficacy of introducing the Enneagram, a model of personality, as an intervention to a team.* (Tesis de maestría no publicada). University of Surrey, Surrey, RU (2006).

Dameyer, J. J.: *Psychometric evaluation of the RisoHudson Enneagram Type Indicator.* California Institute of Integral Studies, San Francisco, California (2001).

Daniels, D. y Price, V.: *Essential enneagram: The definitive personality test and self-discovery guide* (revisado y actualizado). Harper Collins, Nueva York, 2000. (Trad. cast.: *Eneagrama esencial.* Ediciones Urano: Barcelona, 2010).

Daniels, D., Saracino, T., Fraley, M., Christian, J. y Pardo, S.: «Advancing ego development in adulthood through study of the Enneagram system of personality». *Journal of Adult Development*, vol. 25, pp. 229-241 (2018).

Delobbe, N., Halin, P., Premont, J. y Wuidar, D.: *Measuring personality at work: Development and validation of a new instrument (HPEI) based on the Enneagram.* Louvain School of Management, Bélgica (s. f.).

Dimond, A. M.: *Because minds can't sit in classrooms without bodies: Making use of the Enneagram as a tool for embodied education.* (Tesis de maestría no publicada). Creighton University, Omaha, Nevada (2013).

Doss, J. L.: *Spiritual growth through small groups: A synthesis of group psychotherapy and spiritual direction to enhance Christian wholeness.* (Tesis doctoral no publicada). Drew University, Madison, Nueva Jersey (1995).

Dye, M. J.: *God's word for every heart: Exegesis through Enneagram types.* (Tesis doctoral no publicada). Drew University, Madison, Nueva Jersey (1997).

Edwards, A. C.: «Clipping the wings off the enneagram: A study in people's perceptions of a ninefold personality typology». *Social Behavior and Personality*, vol. 19, pp. 11-20. (1991).

Enneagram in Business Network: Benchmark report (2011). Disponible en https://theenneagraminbusiness.com/wp-content/uploads/2013/10/ENGLISH-EnneagramBenchmarkReport2011.pdf

Flautt, T.: «MBTI-Enneagram type correlation study results». *Bulletin of Psychological Type*, vol. 21, n.º 8, pp. 37-38 (1998).

Flautt, T. y Richards, J.: «Finding meaning in MBTI and Enneagram type correlations». *Bulletin of Psychological Type*, vol. 20, n.º 4, pp. 32-34. (1997a).

Flautt, T. y Richards, J.: «Preliminary report: MBTI-Enneagram study». *Bulletin of Psychological Type*, vol. 20, n.º 2, p. 39 (1997b).

Flautt, T. y Richards, J.: «MBTI and Enneagram: Their relationship and complementary use» (1998). Consultado el 14 de febrero de 2020, www.goconscious.com/home/articles/tom-flautt.html

Gallant, H.: *The use of the Enneagram to improve customer relationships with a motor vehicle manufacturer.* (Tesis de maestría no publicada). Nelson Mandela Metropolitan University, Port Elizabeth, Sudáfrica (2005).

GAMARD, W. S.: *Interrater reliability and validity of judgments of enneagram personality types.* (Tesis doctoral no publicada). California Institute of Integral Studies, San Francisco, California (1986).

GIORDANO, M. E.: *A psychometric evaluation of the Riso-Hudson Type Indicator (RHETI), version 2.5: Comparison of ipsative and non-ipsative versions and correlations with spiritual outcomes.* (Tesis doctoral no publicada). Loyola College en Maryland, Baltimore, Maryland (2008).

GODIN, J.: *The effect of the Enneagram on psychological well-being and unconditional self-acceptance of young adults.* Iowa State University, Ames, Iowa (2010).

HAVENS, S. E.: *Comparisons of Myers-Briggs and Enneagram types of registered nurses.* (Tesis doctoral no publicada). University of Florida, Gainesville, Florida (1995).

HEBENSTREIT, R. K.: *Using the Enneagram to help organizations attract, motivate, and retain their employees.* (Tesis doctoral no publicada). Alliant International University, San Francisco, California (2007).

HEBENSTREIT, R. K.: «A call to apply the principles of the Enneagram in organizations to attract, retain, and motivate employees». *The Enneagram Journal,* vol. 1, n.º 1, pp. 4-21 (2008).

HO, G.: *The box is where we began: Evaluating Enneagram-based leadership development for catholic school leaders in Indonesia.* (Tesis doctoral no publicada). Lamar University, Beaumont, Texas (2018).

HUBER, M. G.: «Myers-Briggs type indicator correlations with enneatype-6 alcohol or other drug clients in clinical settings in Southeastern Wisconsin». *Journal of Ministry in Addiction and Recovery,* vol. 6, pp. 75-97 (1999).

JOHNSON, J. D.: *The connection between lead pastors' Enneagram personality type and congregational size.* (Tesis doctoral no publicada). Southeastern University, Lakeland, Florida (2019).

KIM, S. M., RYU, C. S. y CHUNG, J. I.: «The effects of enneagram personality types in the robot programming classes centering around the robot department students of a technical high school». *International Journal of u- and e-Service, Science and Technology,* vol. 9, n.º 9, pp. 121-128 (2016).

KIM, S. Y., AHN, S. Y. y KOH, A. R.: «Fashion consumers' purchase decision-making styles related to Enneagram core values and self-construal levels». *Family and Environmental Research,* vol. 54, n.º 2, pp. 207-225 (2016).

KINGMA, M.: *Utilising a personality typology to resolve subliminal conflict in the workplace.* (Tesis doctoral no publicada). Cape Peninsula University of Technology, Cape Town, Sudáfrica (2007).

KOMASI, S., SOROUSH, A., NAZEIE, N., SAEIDI, M. y ZAKIEI, A.: «Enneagram of personality as an effective model in the prediction of the risk of cardiovascular diseases: A case-controlled study». *Journal of Cardiothoracic Medicine,* vol. 4, n.º 3, pp. 468-473 (2016).

KOMASI, S., ZAKIEI, A., GHASEMI, S. R., GILAN, N. R., VEISI, A., BAGHERIRAD, D. y SAEIDI, M.: «Is Enneagram personality system able to predict perceived risk of heart disease and readiness to lifestyle modification?». *Annals of Cardiac Anaesthesia,* vol. 22, n.º 4, pp. 394-399 (2019).

LAPID-BOGDA, G.: «Developing communities of leaders through the Enneagram». *OD Practitioner,* vol. 38, n.º 4, pp. 57-62 (2006).

LEE, M.: «A study on the effects of enneagram group counseling on nursing students». *International Journal of Bioscience and Biotechnology,* vol. 7, n.º 5, pp. 235-246 (2015).

MAXON, B. y DANIELS, D.: «Personality differentiation of identical twins reared together». *The Enneagram Journal,* vol. 1, n.º 1, pp. 65-76 (2008).

MHUNPIEW, W.: *Development of a career counseling center model for preparing students for the world of work using the Enneagram personality theory.* Manuscrito no publicado, Chulalongkorn University, Tailandia (2009).

MITSUDA, M. y WATANABE, C.: «The role of the venture leader initiative in IPO accomplishment. The impact of leader characteristics on IPO performance». *Journal of Services Research,* vol. 8, n.º 2, pp. 141-174 (2008).

MORABITO, M.: *Pedagogical agents: Matching agent and learner personalities.* (Tesis doctoral no publicada). Capella University, Minneapolis, Minnesota (2005).

NATHANS, H. y VAN DER MEER, H.: «The Enneagram and styles of problem solving». *The Enneagram Journal,* vol. 2, n.º 1, pp. 62-90 (2009).

NAYAK, S. J.: *Enneagram dreams: Personality styles reflected in dream content.* (Tesis doctoral no publicada). Institute of Transpersonal Psychology, Palo Alto, California. (2004).

NETTMANN, R. W.: *Moving towards, against, and away from people: The relationship between Karen Horney's interpersonal trends and the Enneagram.* (Tesis de maestría no publicada). University of South Africa, Pretoria, (2013).

NETTMANN, R. W. y VAN DEVENTER, V.: «The relationship between Enneagram type and Karen Horney's interpersonal trends measured as compliance, aggression, and detachment». *The Enneagram Journal,* vol. 6, n.º 1, pp. 41-50. (2013).

NEWGENT, R. A.: *An investigation of the reliability and validity of the Riso-Hudson Enneagram Type Indicator.* The University of Akron, Akron, Ohio (2001).

NEWGENT, R., GUEULETTE, C., NEWMAN, I. y PARR, P.: *An investigation of the Riso-Hudson Enneagram Type Indicator constructs of personality as a unique estimate of personality when considering the Revised NEO Personality Inventory and the five-factor model of personality.* Artículo presentado en la reunion conjunta de la Association for the Advancement of Educational Research y la National Academy for Educational Research, Ponte Verda Beach, Florida (2000).

NEWGENT, R. A., PARR, P. E., NEWMAN, I. y HIGGINS, K. K.: «The Riso-Hudson enneagram type indicator: Estimates of reliability and validity». *Measurement and Evaluation in Counseling and Development,* vol. 36, pp. 226-237 (2004).

O'LEARY, P.: *The Myers-Briggs and the Enneagram.* Presentation at the First International Enneagram Conference, Stanford University, Stanford, California (1994).

Ooten, D. y O'Hara, B.: «Consciousness ascending: Levels of consciousness and the Enneagram». *The Enneagram Journal,* vol. 3, n.º 1, pp. 33-58 (2010).

Ormond, C. H.: *The effects of emotional intelligence and team effectiveness of a newly formed corporate team learning the Enneagram.* (Tesis doctoral no publicada). Institute of Transpersonal Psychology, Palo Alto, California (2007).

Palmer, H.: *The enneagram: Understanding yourself and others in your life.* Harper & Row, San Francisco, 1988.

Pedersen, E. T.: *The protoanalytic study of a population of opiate addicts undergoing methadone treatment: A preliminary investigation.* (Tesis doctoral no publicada). Argosy University, San Francisco, California (2005).

Perry, A. K.: *Leading with skill and soul: Using the enneagram and the brent personality assessment system.* (Tesis doctoral no publicada). Seattle University, Seattle, Washington (1996).

Pop, F. C., Vaida, M. F. y Cremene, M.: «An alternative strategy for grouping students in eLearning using an Enneagram methodology and eye tracking». Artículo presentado en el 9ᵗʰ International Symposium on Electronics and Telecommunication (2010).

Pratiwi, D., Santoso, G. B. y Saputri, F. H.: «The application of graphology and Enneagram techniques in determining personality type based on handwriting features». *Journal of Computer Science and Information,* vol. 10, n.º 1, pp. 11-18 (2017).

Prien, H.: *The Enneagram and the actor: Using a system of personality typology in character analysis.* (Tesis doctoral no publicada). Southern Illinois University, Carbondale, Illinois (1998).

Raitamaki, S.: *How does Enneagram help in developing emotional intelligence at work?* (Tesis doctoral no publicada). Inholland University of Applied Sciences, Ámsterdam (2012).

Randall, S.: *The development of an inventory to assess enneagram personality type.* (Tesis doctoral no publicada). California Institute of Asian Studies, San Francisco, California (1979).

Rasta, M., Hosseinian, S. y Algahar, G.: «A survey on the effectiveness of nine-type personality training (Enneagram) on the mental health (anxiety and self-esteem) of school girls». *Journal of Basic and Applied Scientific Research,* vol. 2, n.º 11, pp. 11845-11849 (2012).

Richmer, H. R.: *An analysis of the effects of enneagram-based leader development on self-awareness: A case study at a midwest utility company.* (Tesis doctoral no publicada). Spalding University, Louisville, Kentucky (2011).

Romould, E. J.: *Development of an Enneagram educational programme for enhancing emotional intelligence of student-teachers.* (Tesis doctoral no publicada). The Maharaja Sayajirao University of Baroda, Vadodara, India (2006).

Ruffin, S. R.: *An analysis of personality types as a preventative measure towards burnout among mental health practitioners.* (Tesis doctoral no publicada). Capella University, Minneapolis, Minnesota (2014).

Roh, H. R., Park, K. H., Ko, H. J., Kim, D. K., Son, H. B., Shin, D. H., Lee, S. H., Jung, H. Y. y Heo, D.: «Understanding medical students' empathy based on enneagram personality types». *Korean Journal of Medical Education,* vol. 31, n.º 1, pp. 73-82 (2019).

Saeidi, M., Amiri, M. M., Ahmadi, M. y Komasi, S.: «The relationship between the Enneagram personality types and health responsibility in patients with substance use disorder: A brief report». *Jundishapur Journal of Health Science* (en imprenta).

Schneider, J. y Schaeffer, B.: «The Enneagram typology: A tool for understanding and counseling sex addicts». *Sexual Addiction and Compulsivity,* vol. 4, pp. 245-278 (1997).

Scott, S. A.: *An analysis of the validity of the Enneagram.* (Tesis doctoral no publicada). College of William and Mary, Williamsburg, Virginia. (2011).

Sharp, P. M.: A factor analytic study of three enneagram personality inventories and the Vocational Preference Inventory. (Tesis doctoral no publicada). Texas Tech University, Lubbock, Texas (1994).

Siudzinski, R. M.: Estudio sobre el Eneagrama no publicado. (Aparecido en una revision de literatura de Dameyer, J. J. (2001). *Psychometric evaluation of the Riso-Hudson enneagram type indicator.* California Institute of Integral Studies, San Francisco, California (1995).

Snyder, K.: *Nine conflict resolution styles based on the Enneagram personality types.* (Tesis de maestría no publicada). California State University, Sacramento, California (1996).

Stevens, K. L.: *Comparisons of Enneagram types and five-factor model traits of graduate psychology students.* (Tesis doctoral no publicada). The Chicago School of Professional Psychology, Chicago, Illinois (2011).

Sutcliffe, E.: *The Enneagram as a model for adult Christian education.* (Tesis de maestría no publicada). St. Stephen's College, Calgary, Alberta (2002).

Sutton, A.: *Implicit and explicit personality in work settings: An application of Enneagram theory.* (Tesis doctoral no publicada). University of Leeds, RU (2007).

Sutton, A., Allinson, C. y Williams, H.: «Personality type and work-related outcomes: An exploratory application of the Enneagram model». *European Management Journal,* vol. 31, pp. 234-249 (2013).

Tastan, K.: «Development and validation of a personality type inventory based on Enneagram». *Konuralp Tip Dergisi,* vol. 11, n.º 1, pp. 112-120 (2019).

The Enneagram Journal (volúmenes 1-6). International Enneagram Association. www.internationalenneagram.org

Thomas, G.: «Archetype and imagery in the Enneagram». *The Enneagram Journal,* vol. 3, pp. 59-78 (2010).

Thrasher, P.: *The enneagram: Movement between types, an inventory, and a criterion measure.* (Tesis doctoral no publicada). Loyola University, Chicago, Illinois (1994).

TWOMEY, J.: *The enneagram and Jungian archetypal images.* (Tesis doctoral no publicada). The Chicago School of Professional Psychology, Chicago, Illinois (1995).

VAIDA, M. F. y POP, P. G.: «Grouping strategy using Enneagram typologies». Artículo presentado en la 2014 IEEE International Conference on Automation, Quality and Testing, Robotics (AQTR) (mayo de 2014).

WAGNER, J. P.: *A descriptive, reliability, and validity study of the enneagram personality typology.* (Tesis doctoral no publicada). Loyola University, Chicago, Illinois (1981).

WAGNER, J. P.: «The Myers-Briggs and the Enneagram». Ponencia en la First International Enneagram Conference, Stanford University, Stanford, California (1994).

WAGNER, J. P.: *Wagner Enneagram personality style scales: Manual.* Los Ángeles: Western Psychological Services, 1999.

WAGNER, J. P.: «Enneagram styles and maladaptive schemas: A research inquiry». *The Enneagram Journal,* vol. 1, n.º 1, pp. 52-64 (2008).

WAGNER, J. P.: «A comparison of the nine Enneagram personality styles and Theodore Millons' eight personality patterns». *The Enneagram Journal,* vol. 5, n.º 1, pp. 21-34 (2012).

WAGNER, J. P. y WALKER, R. E.: «Reliability and validity study of a Sufi personality typology: The enneagram». *Journal of Clinical Psychology,* vol. 39, pp. 712-717 (1983).

WARLING, D. L.: *An examination of the external validity of the Riso Hudson Enneagram type indicator (RHETI).* (Tesis doctoral no publicada). The University of Guelph, Guelph, Ontario (1995).

WEEKS, R. y BURKE, D.: «Transforming organizations using the Enneagram: A law firm case study». *The Enneagram Journal,* vol. 2, n.º 1, pp. 6-23 (2009).

WHILLANS, P.: «Applying the Enneagram to the world of chronic pain». *The Enneagram Journal,* vol. 2, n.º 1, pp. 81-103 (2009).

WILTSE, V. R.: *Journeys in the night: Spiritual consciousness, personality type, and the narratives of women religious.* (Tesis doctoral no publicada). The Union Institute, Cincinnati, Ohio (2000).

WOLDEEYESUS, B. M.: *The Enneagram: Predicting consistent condom use among female sex workers.* (Tesis doctoral no publicada). University of South Africa, Pretoria (2014).

WYMAN, P. y MAGIDSON, J.: «The effect of the Enneagram on measurement of MBTI extraversion-introversion dimension». *Journal of Psychological Type,* vol. 68, pp. 1-8 (2008).

YILMAZ, E. D., GENCER, A. G., AYDEMIR, O., YILMAZ, A., KESEBIR, S., UNAL, O., OREK, A. y BILICI, M.: «Validity and reliability of the Nine Types Temperament Scale». *Education and Science,* vol. 39, n.º 171, pp. 115-137 (2014).

ZINKLE, T. E.: *A pilot study toward validation of the Sufi personality typology.* (Tesis doctoral no publicada). United States International University, San Diego, California (1975).

Obras relacionadas

La tradición arica

ICHAZO, O.: *The Human Process for Enlightenment and Freedom.* Arica Institute Press, Nueva York, 1976.

—: *Between Metaphysics and Protoanalysis.* Arica Institute Press, Nueva York, 1982.

—: *Interviews with Oscar Ichazo.* Arica Institute Press, Nueva York, 1982.

La tradición de Gurdjieff

BENNETT, J.G.: *Enneagram Studies.* Samuel Weiser, York Beach, Maine, 1983.

BLAKE, A.: *The Intelligent Enneagram.* Shambhala, Boston, 1997.

CAMPBELL, R.: *Fisherman's Guide.* Shambhala, Boston, 1985.

DE ROPP, R.: *The Master Game.* Dell, Nueva York, 1974.

OUSPENSKY, P.D.: *The Psychology of Man's Possible Evolution.* Vintage, Nueva York, 1974. (Trad. cast.: *Psicología de la posible evolución del hombre.* Gaia: Móstoles, Madrid, 2010).

SPEETH, K.: *The Gurdjieff Work.* And/Or Press, Berkeley, 1976.

TART, C.: *Waking Up.* Shambhala, Boston, 1986. (Trad. cast.: *El despertar del «self».* Kairós: Barcelona, 1990).

WEBB, J.: *The Harmonious Circle.* G.P. Putnam's Sons, Nueva York, 1980.

El enfoque diamante

ALMAAS, A. H.: *The Elixir of Enlightenment.* Samuel Weiser, York Beach, Maine, 1984.

—: *Essence: The Diamond Approach to Inner Realization.* Samuel Weiser, York Beach, Maine, 1986. (Trad. cast.: *Esencia: El enfoque diamante para la realización interior.* Equipo Difusor del Libro: Madrid, 2003).

—: *The Void.* Diamond Books, Berkeley, 1986.

—: *The Pearl Beyond Price.* Diamond Books, Berkeley, 1988.

—: *The Point of Existence.* Diamond Books, Berkeley, 1996.

—: *Facets of Unity.* Diamond Books., Berkeley, 1998. (Trad. cast.: *Facetas de la unidad.* La Liebre de Marzo: Barcelona, 2002).

—: *The Inner Journey Home.* Shambala, Boston, 2004.

—: *The Unfolding Now: Realizing Your True Nature through the Practice of Presence.* Diamond Books, Berkeley, 2008

Acerca del autor

El doctor Jerome Wagner es psicólogo clínico, psicoterapeuta, supervisor y orientador en la práctica privada, además de profesor emérito del Departamento de Psicología y del Instituto de Estudios Pastorales de la Universidad Loyola, en Chicago.

Siendo uno de los primeros estudiosos del eneagrama en Estados Unidos, la tesis doctoral de Jerome Wagner fue una de las primeras descripciones escritas del eneagrama, encabezando de este modo las investigaciones formales sobre éste. Una parte de su investigación supuso la construcción de un inventario del eneagrama. La actual versión y el manual de sus Wagner Enneagram Personality Style Scales (WEPSS) –escalas de estilos de personalidad de Wagner sobre el eneagrama (EEPWE)–, que han sido objeto de profundas investigaciones y validaciones estadísticas, se puede cumplimentar en línea en www.wepss.com y está disponible en papel en Western Psychological Services (www.wpspublish.com; +1 800-648-8857). El WEPSS es el único inventario sobre el eneagrama que ha sido revisado por el Buros's Mental Measurements Yearbook (15.ª edición), que es una reconocida institución evaluadora.

El doctor Wagner ha escrito *Nine Lenses on the World: the Enneagram Perspective* (Nueve lentes para ver el mundo: la perspectiva del Eneagrama) y *El eneagrama y su espectro de estilos de personalidad: Una guía introductoria*.

El doctor Wagner viene investigando el eneagrama y enseñándolo desde 1980, habiendo puesto en marcha su Programa de Formación y Certificación en el Espectro del Eneagrama en 1995. Ha realizado talleres sobre el eneagrama para consultores y *coaches* empresariales, directores de recursos humanos, asesores, terapeutas, directores espirituales, educadores y personas interesadas en el crecimiento personal por todo Estados Unidos y Canadá, Inglaterra, España, Finlandia, Australia, Hong Kong, Singapur y Sudáfrica.

El doctor Wagner ha sido ponente invitado en todos los Congresos de la International Enneagram Association (IEA), formó parte de la Junta Directiva de la IEA, ha sido editor del boletín de esta asociación, el *Nine Points Bulletin,* y coeditor de *The Enneagram Journal.* Además, ha publicado numerosos artículos en estas revistas, así como en el *Enneagram Monthly.* Por sus tempranas y continuas aportaciones a la comunidad del eneagrama, Jerry fue honrado con el título de Fundador de la International Enneagram Association. Fue ponente principal del Congreso Global de la IEA 2010, del Congreso Chino de la IEA 2013, del Congreso Europeo de la IEA 2017, del Congreso Chino de la IEA 2019 y del Congreso Sudafricano de la IEA 2019.

Índice